2021年度福建省社会科学基金青年项目：新发展理念下福建民营经济高质量发展指标体系构建及测算（项目编号：FJ2021C021）
福州外语外贸学院学术著作出版基金资助

江晓珍◎著

新发展理念下
我国民营经济高质量发展研究
——以福建省为例

XINFAZHAN LINIAN XIA
WOGUO MINYING JINGJI GAOZHILIANG FAZHAN YANJIU
——YI FUJIANSHENG WEILI

中国财经出版传媒集团

经济科学出版社
Economic Science Press
·北京·

图书在版编目（CIP）数据

新发展理念下我国民营经济高质量发展研究：以福
建省为例／江晓珍著 . -- 北京：经济科学出版社，
2024.3

ISBN 978－7－5218－5733－7

Ⅰ.①新… Ⅱ.①江… Ⅲ.①民营经济－经济发展－
研究－福建 Ⅳ.①F127.57

中国国家版本馆 CIP 数据核字（2024）第 061704 号

责任编辑：杜 鹏 武献杰 常家凤
责任校对：刘 昕
责任印制：邱 天

新发展理念下我国民营经济高质量发展研究
——以福建省为例

江晓珍◎著

经济科学出版社出版、发行 新华书店经销
社址：北京市海淀区阜成路甲 28 号 邮编：100142
编辑部电话：010-88191441 发行部电话：010-88191522
网址：www.esp.com.cn
电子邮箱：esp_bj@163.com
天猫网店：经济科学出版社旗舰店
网址：http://jjkxcbs.tmall.com
固安华明印业有限公司印装
710×1000 16 开 12.25 印张 210 000 字
2024 年 3 月第 1 版 2024 年 3 月第 1 次印刷
ISBN 978－7－5218－5733－7 定价：98.00 元
（图书出现印装问题，本社负责调换。电话：010－88191545）
（版权所有 侵权必究 打击盗版 举报热线：010－88191661
QQ：2242791300 营销中心电话：010－88191537
电子邮箱：dbts@esp.com.cn）

序 言

改革开放 40 多年来，我国民营经济在规模和实力上不断壮大，从最初的默默无闻逐渐崭露头角，如今已成为我国经济发展中不可缺少的重要组成部分，并享有举足轻重的地位。可以说，我国的民营经济几十年来是在艰难中不断发展壮大，展现了顽强旺盛的生命力和发展潜力。

2015 年 10 月，习近平总书记在党的十八届五中全会首次提出了创新、协调、绿色、开放、共享的新发展理念①，它们相互贯通、相互促进，是具有内在联系的系统，揭示了新时代我国发展壮大必由之路。民营企业的发展也要坚定不移贯彻新发展理念，积极探索高质量发展之路。当前，我国的民营经济主要集中在东南沿海的一些省份，这些省份多年来一直名列国内经济前茅，并且民营企业高度集聚。福建省作为一个民营经济大省，在这方面具有代表性。在过去的 40 多年里，福建民营经济从零开始，经历了白手起家的阶段，如今已实现了相互配套、集群发展的规模化转变，从小到大、从弱到强。近年来，福建省加快了创新驱动发展战略的实施，构建了现代化产业体系，支持民营企业扩大产能、提升质量，推动民营经济迈向更好、更快的新阶段。2022 年，福建全省地区生产总值首次突破 5 万亿元。其中，民营经济增加值占比达到 68.1%，成为福建经济发展的重要支柱。②

2023 年，福建省政府工作报告指出，加快推动"新时代民营经济强省

---

① 关系我国发展全局的一场深刻变革——习近平总书记关于完整准确全面贯彻新发展理念重要论述综述 [EB/OL]. (2021 – 12 – 28) [2024 – 03 – 18]. https：//www.gov.cn/xinwen/2021 – 12/08/content_5659205.htm.

② 兴业银行加强服务支持福建民营经济高质量发展 [EB/OL]. (2023 – 03 – 06) [2024 – 03 – 18]. https://local.cctv.com/2023/03/06/ARTIUlNeTxiZr9oDamNp80FC230306.shtml.

战略"。在民营经济蓬勃发展的今天，研究福建省民营经济发展中的问题和对策对于福建省经济的发展有着十分重大的意义。近年来，福耀玻璃和宁德时代的发展成绩有目共睹，它们已经成为该领域里世界级的企业，在国际范围内已经享有很高的声誉。而省内的大东海、永辉超市、安踏等也是国内该领域的著名品牌。

福建民营经济在蓬勃发展的同时也遇到了困难，以及制约其进一步发展的问题，这些问题其实不仅是福建省民营经济遇到的问题，也是全国民营经济发展过程中遇到的普遍性问题。如何看待这些问题，如何利用政策手段去规避和克服这些问题是我国民营经济体制需要思考的。

基于上述分析，本书以"新发展理念下我国民营经济高质量发展研究"为主题，对我国民营经济的高质量发展进行系统分析研究，并以福建省民营经济为例进行具体分析，同时还将福建省民营经济发展与广东、浙江、江苏三省民营经济发展进行比较研究，并从横向和纵向两个维度进行分析。

本书共分八章，第一章为本书的研究背景和意义，介绍在党的二十大的政策背景下，我国民营经济的普遍现状，提出福建省民营经济高质量发展的特色和优势，以及在此背景下研究民营经济，尤其研究福建民营经济的意义。第二章主要介绍我国目前的新发展理念以及我国民营经济和福建省民营经济的发展历程。第三章为新发展理念下民营经济高质量发展指标体系的构建，包括指标体系的构建和测度等。第四章为新发展理念下民营经济高质量发展水平区域比较研究。第五章主要以晋江经验为例，重点研究新发展理念下福建省县域民营经济高质量发展的经验。第六章主要以广东省、浙江省、江苏省为例进行三省民营经济的比较研究，以及与福建省民营经济发展的区别。第七章介绍新发展理念下民营经济高质量发展的对策和建议。第八章为结论与政策启示。

本书主要分析研究了在新发展理念下中国民营经济的发展现状和前景，同时以福建为重点，举例梳理了广东省、浙江省、江苏省等几个沿海大省在新发展理念下民营经济发展脉络以及各自特点。内容翔实准确，逻辑清晰，引用大量最新经济数据以及当下的政策理论内容，适合政府相关工作人员、经济研究人员、民营企业管理人员、大专院校经济相关专业的老师和同学阅读。

　　本书在编写的过程中得到了国内相关经济领域和专业研究机构的同仁的支持和帮助，在此表示诚挚的感谢！由于笔者的水平有限，书中难免有疏漏之处，希望读者多提宝贵意见，以期再版时做进一步的补充和完善。

江晓珍

2023 年 9 月 30 日

目　录

第一章
研究背景和意义

第一节　研究背景

2023 年 7 月 19 日，《中共中央 国务院关于促进民营经济发展壮大的意见》（以下简称《意见》）发布。《意见》指出，民营经济是推进中国式现代化的生力军，是高质量发展的重要基础，是推动我国全面建成社会主义现代化强国、实现第二个百年奋斗目标的重要力量。早在 2018 年，党中央对我国民营经济提出了重要指示：我国民营经济只能壮大、不能弱化，不仅不能"离场"，而且要走向更加广阔的舞台。2022 年，党的二十大报告也首次明确提出要"促进民营经济发展壮大""完善中国特色现代企业制度，弘扬企业家精神，加快建设世界一流企业"，以及"支持中小微企业发展"。报告指出：我们要构建高水平社会主义市场经济体制，坚持和完善社会主义基本经济制度，毫不动摇巩固和发展公有制经济，毫不动摇鼓励、支持、引导非公有制经济发展。党中央对民营经济的政策坚定地反驳了社会舆论中对其否定的观点和看法，同时也为我国民营经济的发展注入了强心剂，并坚定了对民营经济大力扶持的决心。

党的十八大以来，广大民营企业为经济社会的发展作出了重大贡献。在实现整体规模和实力的新突破的同时，还加快转向高质量发展轨道。

习近平总书记 2021 年 3 月在福建考察时强调，推动高质量发展，首先要完整、准确、全面贯彻新发展理念①。2023 年 1 月 28 日，福建省委书记、省人大常委会主任周祖翼在民营经济代表人士座谈会上强调，要深入学习贯彻党的二十大精神，始终坚持"两个毫不动摇"，传承弘扬"晋江经验"，把握大势、坚定信心，团结奋斗、砥砺前行，在新时代新征程上共同谱写福建民营经济更加绚丽的华章。

2022 年 6 月 18 日，福建省成功举办世界闽商大会。2022 年 8 月 19 日，福建省弘扬"晋江经验"、促进民营经济高质量发展大会举行。2023 年，福建省政府工作报告指出，应坚定不移落实"两个毫不动摇"，传承弘扬、创新发展"晋江经验"，实施新时代民营经济强省战略，支持民营经济发展壮大，让民营企业家大胆创新、放心创业、放手创造。

当前，福建省委省政府正在实施"新时代民营经济强省战略"，并重视"全面提升实体经济竞争力，促进民营经济发展壮大"。在福建省十四届人大一次会议上，福建省省长赵龙表示，福建将在 2023 年发挥民营经济的优势，实施新时代民营经济强省战略。福建省的经济活力主要来自民营经济的蓬勃发展。目前，福建民营经济的增加值占 GDP 比重达到了 68.1%，贡献了 70% 以上的税收，吸纳了 80% 以上的就业，规模以上的民营企业数量占全省总数的 90% 以上。② 2022 年 8 月，福建推出了 19 条措施以促进民营经济的创新发展。而在 2022 年 12 月，福建再度提出了 24 条具体措施，重点关注减轻市场主体负担和激发市场主体活力。2023 年 2 月 8 日，福建省工商联在福州召开贯彻落实省委省政府 2023 年民营经济代表人士座谈会精神会议，强调要引导民营企业认真贯彻新发展理念，倾力参与实施新时代民营经济强省战略。

---

① 习近平在福建考察时强调 在服务和融入新发展格局上展现更大作为 奋力谱写全面建设社会主义现代化国家福建篇章 [N/OL]. (2021－03－26) [2024－03－18]. http：//paper. people. com. cn/rmrb/html/2021－03/26/nw. D110000renmrb_20210326_1－01. htm.

② 龙敏. 福建打造新时代民营经济强省 以开放提升拓展空间 [EB/OL]. (2023－08－28) [2024－03－18]. https：//www. chinanews. com. cn/cj/2023/08－28/10068353. shtml.

第二节　研究意义

就经济发展而言，民营经济已成为我国不可或缺的重要力量。它在创业就业领域扮演着关键角色，并且是税收收入的重要来源之一。作为经济的中坚部分，民营经济对国家和社会的发展产生深远影响。无论是从经济结构升级还是社会稳定的角度来看，我们都不能忽视民营经济的巨大作用。在新发展理念的引导下，探讨我国民营经济高质量发展有着十分重要的意义。

1. 民营经济不断进行创新，可推动经济实现创新驱动发展。民营经济作为我国经济发展的重要力量，在实现高质量发展的过程中需要不断推动创新。创新作为推动经济增长和提高竞争力的关键因素，对于民营企业而言尤为重要，因其在市场竞争中具备更大的灵活性和创新能力。通过积极鼓励民营企业进行技术创新和业务模式创新，我们可以进一步推动整个经济向创新驱动型发展转变，从而提升经济增长的质量和效益。

首先，民营企业在市场竞争中所展现出的灵活性是其独特的优势之一。相比于传统的国有企业，民营企业通常更加注重市场需求的变化，并能够快速调整自身的生产、经营策略，以适应不断变化的市场环境。这种灵活性使得民营企业更容易捕捉到市场机会，并且能够更迅速地推出符合消费者需求的新产品或服务。正是这种能够及时满足市场需求的能力，使得民营企业在经济发展中扮演着重要的角色。

其次，创新能力也是民营企业的核心竞争力。在不断变化的市场环境中，仅仅依靠传统的生产方式和经营模式已经无法满足消费者的需求，也难以在激烈的竞争中脱颖而出。因此，民营企业需要通过持续的技术创新和业务模式创新来提升自身的竞争力。技术创新可以帮助企业开发出更具竞争力的产品或服务，提高生产效率并降低成本。而业务模式创新则能够带来全新的商业模式和运营方式，从而进一步拓展市场份额和增加利润空间。通过这些创新举措，民营企业能够不断适应市场的变化，保持竞争优势。

最后，推动民营企业进行技术创新和业务模式创新不仅有助于企业的发展，也对整个经济具有重要意义。技术创新能够带来新的产业和就业机会，促进经济结构的升级和转型。同时，创新驱动型发展也能够提高经济增长的质量和效益。通过引入先进技术和创新的商业模式，企业可以实现生产效率的提升、资源利用的优化，从而带动整个经济的发展。与此同时，创新驱动型发展也有助于提高产品质量和品牌形象，增强企业的国际竞争力，为我国经济走向全球舞台奠定坚实基础。

2. 民营经济与其他经济主体协调与合作，可实现资源优化配置。民营经济的高质量发展需要与其他经济主体的协调发展相辅相成。作为我国经济中不可或缺的组成部分，民营经济在促进经济增长、就业创造和技术创新等方面扮演着重要角色。然而，在与国有企业和外资企业等其他经济主体之间存在一定的协调问题。

首先，民营经济与国有企业之间的协调发展是促进经济发展的关键之一。国有企业在我国经济中具有重要地位，拥有丰富的资源和广泛的市场渠道。而民营企业则表现出灵活性和创新能力等优势。通过加强两者之间的合作，可以实现资源的优化配置。例如，国有企业可以通过与民营企业的合作，引入创新技术和管理经验，提高自身的竞争力；而民营企业则可以借助国有企业的资源优势，拓展市场份额和提升产品品质。这种合作与协调有助于推动经济高质量发展，实现共赢局面。

其次，与外资企业的合作与协调也对民营经济的发展至关重要。外资企业通常具备先进的技术和管理经验，拥有国际市场渠道和品牌影响力。通过与外资企业的合作，民营企业可以借鉴其先进的生产技术和管理模式，提升自身的创新能力和竞争力。同时，外资企业也可以通过与民营企业的合作，在中国市场更好地开展业务，并分享本土市场的发展机会。这种合作与协调促进了技术、人才和资金的流动，推动了经济的协同发展。

最后，政府在加强民营经济与其他经济主体的协调中扮演着重要角色。政府可以制定相关政策，鼓励并引导各类经济主体之间的合作与协调。例如，可以通过设立合作基金、开展产学研合作等方式，为不同类型的企业提供合作平台和资源支持。同时，政府还应加强对民营企业的培训和指导，帮助其提升与其他经济主体合作的能力和水平。只有在政府的引导下，各经济主体之间的协调合作才能更加顺畅和有效。

3. 推动民营经济绿色发展，可实现经济增长与环境保护良性循环。民营经济的高质量发展需要更加注重环境保护和可持续发展，这已成为全球共识。随着社会对环境问题的不断关注和认识的提高，传统的经济增长模式已经不能满足人们对美好环境的追求。因此，推动民营经济朝着绿色发展方向转变，具有重要的现实意义。

首先，民营企业在资源利用和环境保护方面具有一定的优势。相较于大型国有企业，民营企业通常规模较小、灵活性较强，能够更快地适应市场需求和变化。他们更容易采取创新的环保技术和管理手段，降低资源消耗和污染物排放。例如，通过节能减排措施、循环经济理念的引入、清洁生产等方式，民营企业可以减少对自然资源的过度开采和环境的损害。这种绿色发展模式有助于提升企业的竞争力，同时也符合社会的可持续发展目标。

其次，通过推动民营经济绿色发展，可以实现经济增长与环境保护的良性循环。过去，人们常常认为经济发展与环境保护是矛盾的。然而，随着技术进步和意识觉醒，我们已经明确了环境保护对于长期经济稳定和社会进步的重要性。通过推动民营企业朝着绿色发展的方向转变，可以实现经济增长与资源利用的优化、环境污染的减少之间的良性互动。这种可持续的发展模式不仅有助于提高生态环境质量，也为企业创造更加稳固和可持续的发展基础。

最后，政府在推动民营经济绿色发展中扮演着关键角色。政府可以出台相关政策，鼓励和引导民营企业采取绿色发展的举措。例如，可以建立环境保护奖惩制度，给予符合环保标准的企业税收优惠和其他激励措施；还可以加大对环保科技研发的投入，支持民营企业开展环境友好型产品的研发和推广。同时，政府还应加强对民营企业的培训和指导，帮助其提升绿色发展的认识和能力。

4. 加强对外开放，可促进技术进步和产业升级。民营经济的高质量发展需要积极参与国际合作与竞争，因为开放是推动经济发展的重要动力。如今，全球化已成为不可逆转的趋势，各国之间的经济联系日益紧密。在这个背景下，民营经济在国际市场上具有较强的竞争力。

首先，加强对外开放可以为民营企业提供更广阔的市场机遇。全球市场规模庞大，拥有丰富的消费需求和资源禀赋。通过积极参与国际合作与竞争，民营企业可以进一步扩大市场份额，提高产品和服务的知名度和竞争力。特别是在"一带一路"倡议的推动下，我国与共建国家的合作机会更加多样和广阔。通过与其他国家的合作，民营企业可以实现技术引进、资源共享和品牌输出等方面的互补优势,推动我国民营经济的国际化发展。

其次,国际合作与竞争也可以促进技术进步和产业升级。在国际市场中,民营企业将面临来自不同国家和地区的竞争对手。这种竞争压力迫使企业不断提升自身的技术水平和创新能力,以适应市场需求和提供更高质量的产品和服务。同时,通过与国际企业的合作,民营企业可以借鉴其先进的管理经验和先进技术,推动企业的内部改革和转型升级。这种技术交流和合作有助于提升我国民营企业在全球价值链中的地位,促进产业的升级和创新发展。

最后,积极参与国际合作与竞争还可以提高我国民营经济的国际竞争力。随着全球化和经济一体化的深入发展,国际竞争已经不仅是企业之间的竞争,更是国家之间的竞争。只有具备较高的国际竞争力,我国民营经济才能在全球市场中取得更大的话语权和影响力。通过积极参与国际合作与竞争,民营企业可以拓宽国际视野,提升自身的管理水平和市场洞察力。这将有助于提高企业的品牌形象和国际声誉,为拓展海外市场提供更多机会和支持。

5. 通过民营经济发展成果的共享,促进社会稳定和可持续发展。民营经济的高质量发展需要实现经济发展成果的广泛共享,而不仅仅是追求经济效益。事实上,一个健康的经济体系应该注重社会公平和民生福祉。通过加强社会保障和公共服务,促进收入分配的公平,可以实现民营经济发展成果的共享,从而促进社会稳定和可持续发展。

首先,加强社会保障是实现经济发展成果共享的重要途径之一。民营经济的发展往往伴随着就业机会的增加,但同时也面临着收入分配不均等问题。为了确保所有人能够分享经济发展的红利,政府可以加大对社会保障的投入,建立更加完善的社会保障体系。这包括提供基本医疗保险、养老保险、失业保险等各项福利,以及为贫困人口和弱势群体提供特殊救助。通过这些措施,可以减轻社会不平等问题,让更多人享受到民营经济发展带来的好处。

其次,加强公共服务也是实现经济发展成果共享的关键措施。公共服务涵盖教育、医疗、交通、环境保护等多个领域,对人民的生活质量和幸福感有着重要影响。因此,政府应加大对公共服务的投入,提高服务的覆盖范围和质量。例如,在教育领域,可以加强基础教育的普及和提升职业教育的水平，让更多人有机会接受良好的教育。在医疗领域，可以改善医疗资源的分布，提高基层医疗服务的能力，确保人们能够享受到医疗保健的权利。通过提供公共服务，可以弥补由市场机制无法满足的需求，让所有人都能够分享经济发展成果。

最后，促进收入分配的公平也是实现经济发展成果共享的核心要素之一。在民营经济发展过程中，应该注重调整收入分配结构，缩小贫富差距，减少收入不平等现象。政府可以通过税收政策和社会保障制度的改革来实现这一目标。例如，可以采取适当的税收调节措施，对高收入者增加税负，减轻低收入者的税负，以实现收入再分配的效果。同时，还应加强监管和规范，防止非法收入和不合理的财富积累。通过这些措施，可以促进收入的公平分配，让更多人分享经济发展的成果。

民营经济是一种具有中国特色的经济概念和形式。在中国的经济体制改革和社会主义市场经济逐步发展的过程中，民营经济得到了复兴，并成为推动中国经济快速发展的重要力量。通过加强对民营经济的研究，我们可以更好地认识到民营经济在国民经济中的角色和贡献，从而有针对性地推动经济结构调整，实现产业升级和优化。民营经济的稳定将促进全国经济的稳定，而其实力的加强则将推动全国经济的强大。

福建省作为民营经济最早发展的地区之一，也是中国著名的民营经济大省之一。福建的民营企业是全省创新创业的主要力量和经济发展的重要支撑，同时也为增进民生福祉作出了重要贡献。对福建民营企业的研究不仅有助于该省民营企业的发展，还为全国范围内的民营企业发展提供了借鉴和帮助。

目前，中国的民营企业发展环境良好：一方面，国家政府全力支持民营企业的发展壮大，通过政策措施促进民营经济保持高速发展；另一方面，民营企业自身不断挖掘优势，结合地方特色和技术特点，积极探索适合自身发展的道路，不断吸取经验教训，与时俱进。在这样的背景下，研究民营企业的发展对于我国经济的高质量发展具有十分重要的意义。

第二章

基本概念的界定

第一节 新发展理念

一、新发展理念的提出及背景

（一）新发展理念的概念

新发展理念是中国在 2015 年提出的一种全面发展理念，目的是推动经济社会的持续健康发展。它包括创新、协调、绿色、开放、共享五个方面：创新发展关注解决发展动力问题，意味着中国需要依靠科技创新、创业创新等来推动经济增长，并加强知识产权保护；协调发展注重解决发展不平衡问题，即中国需要在区域发展、城乡发展等方面实现协调，减少发展的差距；绿色发展注重解决人与自然和谐的问题，意味着中国要追求资源的可持续利用，保护环境，降低污染排放；开放发展注重解决发展内外联动问题，意味着中国要加强与世界各国的交流合作，积极参与全球化进程；共享发展注重解决社会公平正义问题，即中国要促进收入分配的公平，提高社会保障水平，让更多人分享发展成果。

作为习近平新时代中国特色社会主义思想的一部分，新发展理念具有战略性、纲领性和引领性。它是对过去发展经验的总结，也是面向未来发展的指导。在实践中，中国需要立足新发展阶段、贯彻新发展理念，构建新发展格局，转变发展方式，推动经济社会的高质量、高效率、公平、可持续和安全发展。

（二）新发展理念提出的时代背景

党的十八大以后，习近平总书记提出了一系列关于新发展理念的重要论述，这些论述体现了中国共产党对于经济、政治、文化、社会和生态建设的战略思想和发展方向。坚持社会主义市场经济改革方向则强调政府与市场的关系，使市场在资源配置中起决定性作用，同时政府也要更好地发挥自己的作用，实现经济体制的优化与协调发展。

党的十八届五中全会提出了要坚持新发展理念，这是总管全局、总管战略的新理念，新的时代下，国家和社会的发展的基础是经济领域的发展和腾飞，所以新发展理念的基本落脚点应该是从经济角度出发。同时，党的十九大和二十大报告中提出坚持新发展理念也是要着眼于经济发展。

中国特色社会主义进入了新时代，指导新时代经济社会的发展自然就需要新的理念、新的战略和新的工作部署。下面，我们从新发展理念的角度讨论新发展理念宏大的时代背景。

1. 创新发展的时代背景。改革开放以后，我国经济发展走上了快车道，40多年来平稳有序的增长，迅速提高了人民的生活水平，提升了我国在国际中的影响力和话语权。2008年以后，随着美国次贷危机的发生和蔓延，全球经济进入了下行通道。在此国际大环境下，我国仍然能够保持中高速增长，成为世界经济发展的"发动机"和"稳定器"。

改革开放的前期和中期，我国经济发展多是以牺牲资源环境为代价，依靠资源堆积的快速粗放式增长。进入"十二五"之后，我国面临了一些新的挑战和问题。从需求侧来看，我国投资对国内生产总值的贡献率一直居高不下。2015年净出口贡献率为 - 1.3%。2005 ~ 2014 年，消费贡献率一般保持在40% ~ 50%，2015年有所好转，达到59.7%。由此可见，我国的投资占比常年偏高。从长期来看，这种态势不具有可持续性，投资占比过大是"寅吃卯粮"。从供给侧来看，要素资源配置和产业结构矛盾十分突出。要素资源方面,一方面,能源利用率较低,煤炭占比偏高,废水、废气、废渣、二氧化碳排放比重较大;另一方面,我国在生产要素投入上存在依赖土地、劳动力等一般性要素过重的问题,而对人才、知识、科技等高级要素的投入比重相对较低。这种情况导致我们的产业结构存在一些不平衡和不合理的现象。

当前,我国的经济增长速度从高速增长业已转向中高速增长,并且面临着许多新的挑战和问题。在这一背景下,转型到以创新为驱动的发展模式变得至关重要。

2. 协调发展的时代背景。全球经济存在普遍的发展不均衡现象,特别是在第二次世界大战后,世界经济格局发生了明显变化,各个经济体之间的发展差异显著扩大。西方国家在马歇尔计划的推动下,迅速摆脱了战争的阴影,实现了战后重建;然而,第三世界国家却继续受到持续战乱和资源匮乏的困扰,导致国内经济发展步伐缓慢,进而拉大了各国之间的经济发展水平差距。

发展不均衡问题不仅存在于国家和国家之间,还存在于各个国家的内部。解决收入分配不均衡问题,需要采取积极有效的政策措施,推动社会公平和经济包容性发展,确保经济增长的成果更好地惠及广大人民群众。

我国的情况同样面临着不容乐观的发展不均衡问题。收入分配只是发展不均衡问题的一个方面,我国实施协调发展战略的根本动因还体现在区域发展差距、产业结构失衡、经济建设与国防建设不同步等方面。

3. 绿色发展的时代背景。和谐发展的核心在于化解人与社会之间的矛盾,而绿色发展则致力于解决人与自然之间的矛盾。改革开放以来,凭借低廉的劳动力成本、丰富的自然资源和迅速的工业化进程,我国实现了惊人的经济增长,成为全球第二大经济体,达到了中等收入国家的水平。然而,经济的迅速崛起也伴随着资源与环境方面的隐忧。传统的高污染、高能耗、高排放行业,如化工、钢铁、煤炭、水泥和有色金属等,虽然为我国的工业化进程奠定了坚实基础,但同时也引发了一系列环境问题,如气候变化、环境污染和资源枯竭等。当前,我国正处于经济结构调整的关键时期,正逐步从资源依赖型向技术驱动型转变。在这一新的发展阶段,传统的"三高"产业已无法满足可持续发展的需求,也与人民群众对美好生活的向往背道而驰。

因此，我们应以推动绿色发展为中心任务，致力于解决资源过度消耗、环境污染等问题，从而实现经济增长与环境保护的良性互动。

在转型发展的道路上，我们应坚持协调发展，妥善处理人与社会、人与自然之间的矛盾。这不仅是经济的需要，更是对未来可持续发展的责任和担当。通过持续推进绿色发展，我们将建设一个更加美丽、清洁、繁荣的中国，实现人与自然的和谐共生。

4. 开放发展的时代背景。19 世纪以前，世界经济增速缓慢，而到了 20 世纪 60 年代，第三次工业革命爆发，世界经济开始呈现出爆发式的增长态势，原子能、电子计算机、生物工程等技术的进步极大地提升了社会生产力。另外，20 世纪 80 年代经济全球化的迅猛发展使得国际经济联系更加紧密，贸易和资本流动的增加使得各国的经济互相依存度增强。

经济全球化对世界经济增长和发展产生了重要影响，主要表现在四个方面：第一，贸易自由化。国际分工和贸易可以提高各国的福利水平，世界贸易组织等国际组织在降低贸易壁垒、协调国际贸易关系等方面发挥了重要作用。第二，生产国际化。信息和互联网技术的进步缩小了人与人、地区与地区、国家与国家之间的沟通成本，推动了生产要素的全球流动。优化配置人才、资本和技术，加深和精细化国际分工，提高了全球劳动生产率。第三，资本全球化。国际资本市场的交易额度不断扩大，金融衍生品种类不断增加。计算机技术的发展实现了全球各地各市场 24 小时不间断报价交易，加强了各国间的相互依赖。第四，科技全球化。科技全球化成为新一轮经济全球化的核心驱动力。科技研究开发的资源在全球范围内进行优化配置，科学技术活动实行全球管理，研究开发成果全球共享，构成了科技全球化浪潮的主旋律。

综上所述，中国作为世界第二大经济体，不仅在吸引外资方面表现出色，成为全球最大的外资接收国之一，而且在对外投资方面也具备显著的影响力，成为国际经济活动的重要参与者。

5. 共享发展的时代背景。社会主义的本质规定和奋斗目标是实现共同富裕。在新发展理念中，创新发展是起点，共享发展是落脚点。

随着我国经济水平的全面提升，工业化和城镇化速度的加快，我国已经全面建成小康社会。站在历史新阶段的起点，我国社会主义初级阶段主要矛盾已经转化为人民日益增长的美好生活需要和不平衡不充分的发展之间的矛盾。在满足人民群众基本物质文化需求的基础上，人民开始追求美好生活，对教育、医疗、养老、体育、旅游等更高层次的公共服务有着更强烈的需求。

共享发展理念正是在这样的背景下提出的，旨在推动人民的全面发展，最终实现共同富裕。通过加强公共服务体系建设、消除贫困、促进区域协调发展等措施，共享发展理念旨在让全体人民共同分享发展成果，让美好生活不再局限于少数人，而是人人都能享受的现实。这也是社会主义制度的优势所在，使人民共同参与、共同建设、共同分享社会进步的过程，实现全体人民的幸福和共同富裕。

二、新发展理念与中国式现代化

中国在不同的发展阶段会制定不同的发展格局和发展思路，这些策略需要与不同阶段的国情相结合来制定和实施。当前，我们的主要目标和总任务是全面建设社会主义现代化国家，并推进中华民族的伟大复兴，这是中国式现代化的核心特征。中国式现代化的本质是以人民为中心，体现人民至上的发展理念。在这个新的发展阶段，我们需要推进规模庞大的现代化进程，同时也要实现人均 GDP 达到中等发达国家水平。为了实现这一目标，我们需要提高发展速度，并立足新发展阶段、贯彻新发展理念、构建新发展格局。

（一）创新发展是推进中国式现代化的强大动力

创新发展在中国式现代化道路上扮演着重要角色，主要解决发展动力问题。习近平总书记指出："创新是一个民族进步的灵魂，是一个国家兴旺发达的不竭动力。"① 百年来，中国共产党领导人民不断推进理论、实践、制度、文化等方面的创新，开辟了具有中国特色的现代化道路。

中国式现代化建立在新发展格局基础之上。为了推动现代化进程，必须加快构建以国内大循环为主体、国内国际双循环相互促进的新发展格局。这一战略选择不仅符合中国国情，也是推动现代化道路的必由之路。在这一过程中，我们需要不断提升供给体系的创新性和关联性，实现从要素驱动向创

---

① 学习他——勇于创新的精神 [EB/OL]. (2017 - 08 - 12) [2024 - 03 - 18]. https://news.12371.cn/2017/08/12/ARTI1502495208805340.shtml.

新驱动的转型。通过提供高质量的产品和服务，引领和创造新的市场需求，实现供需之间的良性互动。同时，我们还应加强与世界经济的联系和互动，积极参与全球经济治理，共同推动全球经济的繁荣与发展。这样，中国式现代化将在新发展格局的支撑下不断取得新的突破和进步。

中国作为一个正在追求现代化的国家，必须有强大的科学技术来支撑这一发展目标。在当今全球科技竞争日益加剧的环境中，我们面临着许多挑战，如科技能力不足以及经济发展所需的支撑不足等。为了应对这些挑战，我们需要通过技术创新、模式创新以及跨界融合创新来培育新的增长点，开拓新的动力源，并提升我们在全球竞争中的优势。这样做不仅能够为经济实现高质量的发展注入强大的动力，同时也具有极为重要的意义。

（二）协调发展是中国式现代化的必然选择

新发展理念着重强调了在国内和国际两个层面上的前瞻性思考、全局性规划、战略性布局以及整体性推进的重要性。在协调发展的核心目标中，我们应着重解决发展过程中的不平衡问题。这涵盖城乡发展、区域发展、经济社会发展、人与自然和谐共生，以及国内发展与对外开放等多个方面的统筹兼顾。通过协调发展，我们能够更好地推进经济发展，提高资源利用效率，促进社会公平正义，保护环境生态，促进国家整体实力的提升。因此，实施协调发展战略对于推动经济社会的可持续发展具有重要意义。

为了有效践行新发展理念，我们必须始终坚持物质文明与精神文明协调发展，实现经济实力和文化软实力的同步提升，实现全面协调可持续的发展。

在中国式现代化的征程中，我们必须致力于全方位、多领域的协调发展，涵盖经济建设、政治建设、文化建设、社会建设以及生态文明建设等各个层面。同时，我们也不能忽视城乡差异、区域发展不平衡以及物质文明与精神文明之间的脱节等问题。为了实现全体人民的共同富裕，我们必须关注并改善民生，努力缩小地区差距、城乡差距和收入差距。通过制定有针对性的倾斜政策，建立健全体制机制，完善区域治理体系，我们可以确保发展成果更加公平地惠及全体人民。此外，我们还要重点推进区域协调发展、城乡协调发展以及经济建设和国防建设的融合发展，确保中国式现代化建设的全面推进。

(三) 绿色发展是中国式现代化的内在要求

在中国式现代化的道路上，绿色发展被视为科学的指导原则，追求人与自然的和谐共生成为内在的必然要求。

"绿水青山就是金山银山"的发展理念强调了经济发展与环境保护之间的辩证关系。它摒弃了传统上经济增长与环境保护之间的对立观念，强调了绿水青山既是自然财富，也是社会财富。保护生态环境就是保护生产力，改善生态环境就是发展生产力，这一思想提出了经济与环境和谐发展的新路径。

节约资源和保护环境的基本国策为中国式现代化提供了制度保障。坚持这一基本国策，推动绿色发展，是走可持续发展之路的关键。只有通过转变发展方式、实行更加环保的生产方式和生活方式，加强环境污染治理和生态保护，才能实现人与自然的和谐共生。

在推动中国式现代化的过程中，绿色发展理念应贯穿始终，融入经济、政治、文化和社会建设的各个方面。为了实现碳达峰、碳中和等绿色发展目标，需要全民参与，持之以恒，代代相传，实现生态健康、人民富裕、中国美丽的协同推进。保持良好的生态环境对于人民福祉和国家发展具有重要意义。

(四) 开放发展是中国式现代化的必由之路

在当前百年未有之大变局的背景下，中国积极应对风险挑战，并提出了发展更高层次的开放型经济的目标。这包括加强与周边国家的互利合作，推动构建人类命运共同体，并形成合作共赢的新型国际关系，同时，我们不断完善开放型经济体制，积极推进"一带一路"倡议和自贸区建设。中国共产党提出的"一带一路"倡议已成为共建国家共同参与的全球性公共产品，为中国与各国协同构建新型国际关系、推动全球治理体系改革、拓展合作领域、构建全球融通格局提供了重要指引。

中国式现代化以开放发展为基础，不仅创造了更为广阔的发展空间，还通过促进国内国际互联互通，实现了国内宏大畅通的经济循环、吸引全球资源要素，提升了中国产业技术发展水平，并在参与国际经济合作与竞争中形成了新的优势。

坚持开放发展意味着摒弃了西方"资本至上"的发展思路，而是遵循与世界各国互利共赢的发展逻辑。中国式现代化不走封闭僵化的老路，也不走改旗易帜的邪路，而是坚定不移地走中国特色社会主义道路，推动构建人类命运共同体，以开放包容的姿态，促进各国间的合作共赢。这一路径既体现了中国对自身发展规律的深刻洞察，也彰显了中国对全球发展大势的积极贡献。

总之，开放发展是推进中国式现代化的必由之路。通过坚持开放发展，中国将保持战略主动，在国际竞争中积极引进优质外资和先进科技，提高对全球资源的配置能力，并通过科技创新激发国内市场的内需潜力，实现内外互通的良好效果。

（五）共享发展是中国式现代化的本质要求

共享发展理念体现了中国对于实现全民共同繁荣的追求。在共享发展理念中，全民共享被视为中国式现代化的价值追求的核心要素。鉴于中国庞大的人口规模，实现全民共享需要充分调动全体人民的积极性、主动性和创造性，以提升人均收入水平，并实现社会资源的公平分配与均衡，使发展成果更加广泛、公平地惠及全体人民成为一项重大而迫切的任务。因此，确保全民共享发展成果，为广大人民群众带来实实在在的利益，也成为中国式现代化进程中不可或缺的重要环节。

全面共享是中国式现代化的内在追求。这种理念体现在各个领域，包括经济、文化、政治、社会和生态等方面的全面共享上。为了实现这一宏伟目标，中国致力于促进城乡区域的均衡发展，积极努力缩小收入差距，以确保更广泛的人群受益于高质量教育。同时，中国也高度重视就业、教育、社保、医疗、住房、养老、扶幼等福利的覆盖范围，旨在确保全体人民的合法权益得到保障，推动社会公正，促进全民共同富裕的目标不断向前发展。

共建共享是中国式现代化的基本途径。中国强调通过共建实现共享，这意味着要汇聚全体人民的智慧和力量，推动现代化事业的可持续发展。在这个过程中，人民既是现代化事业的创造者，也是成果的享有者。因此，中国鼓励全体人民积极参与社会建设，共享共建成果。为了实现这一目标，中国不断完善共建共治共享的社会治理制度，确保全体人民能够广泛参与社会治理，共同推动现代化进程。

第二节　民营经济

改革开放以来，民营经济在中国的发展中发挥了巨大的作用，为国家经济振兴和人民生活水平的提高作出了重要贡献。

就业创造：民营企业解决了城镇就业的大部分存量和增量，为80%以上的城镇就业提供了机会。个体工商户和私营企业投资者的数量庞大，创造了大量的就业机会，为数亿员工支付工资，带动了广泛的就业增长。

经济增长：在制造业领域，民营企业占据了投资总量的2/3，贡献了工商营业收入的2/3。在创新科技方面，民营企业在专利数量和新产品创造方面也发挥了重要作用。

对外投资：民营企业在对外投资中扮演着重要角色。民营企业已经占据了中国出口总额的近一半，并且海外投资存量达到我国海外投资存量的1/3，推动了中国的对外合作与贸易发展。

税收贡献：民营经济为国家贡献了超过50%的税收。这些税收收入为国家提供了重要的财政支持，用于社会事业建设和公共服务的改善。

可以看出，民营经济的发展对国家和人民都有利，充分体现了中国特色社会主义市场经济的强大生命力。

一、民营经济的概念界定

（一）民营经济的基本概念

对民营经济的界定是一个复杂的问题。1931年，王春普在其著作《经济救国论》中最早提出关于民营经济的概念。随着我国社会主义革命、建设和改革进程的深化，人们对民营经济概念的认识也在不断演变，民营经济的内涵也相应发生了变化。

多年以来，民营经济在我国市场经济改革发展中扮演着重要且特殊的角色。在中国特色社会主义市场经济发展过程中，可以说民营经济在一定程度上就是市场经济。这个概念已经被社会广泛认可并普遍使用，成为一个约定俗成的概念。然而，学界至今尚未就民营经济作出明确的界定，其法律定义和统计含义仍在逐步丰富和完善。

在民营经济的发展历程中，1993 年，国家科委和国家体改委首次提出了"民营企业"的表述。随后，在 1995 年 5 月的《中共中央 国务院关于加速科学技术进步的决定》中正式采用了"民营企业"的概念。此后，国家的正式文件中相继出现了关于民营企业、民营经济的相关表述。

通常来说，民营经济是指以民间所有并以民间为经营主体的经济形式，它是一个经营层次的概念。从字面意思上理解，与民营相对应的经济形式通常是国营（国有）。民营经济是由本国公民创办或经营的经济实体组成的总和，其内涵具有广义和狭义之分：广义的民营经济包括国有以外的所有经济形式，如集体经济、私营个体经济和外资经济等；狭义的民营经济是指除集体经济以外的所有私营个体经济。

民营经济是一种经济形式，其以个体私营企业为主体，建立在私有制性质的所有制和产权结构之上。从性质来说，任何以私有产权为基础、以雇佣劳动为条件、以营利为目标的个体私营企业都可以被定义为民营企业。而以个体私营企业为主体的经济则被称为民营经济。

这些不同层次的概念和含义反映了对民营经济的细分和界定。在实际应用中，根据具体情况和目的的不同，可以选择适合的层次和范畴来描述和研究民营经济。不论是在宏观层面还是微观层面，民营经济都在中国的经济发展中发挥着至关重要的作用。它不仅是创造就业机会的主力军，更是推动创新和促进经济增长的重要力量。因此，对民营经济的研究和关注具有重要意义。

综上所述，民营经济是指除了国有和国有控股企业、外商和港澳台独资及其控股企业以外的其他所有制经济的统称，包括国有民营经济、个体经济、私营经济、混合所有制经济等类型，是具有中国特色的经济概念和经济形式。[①]

（二）民营经济的组成部分

我国民营经济主要由以下几部分组成：

1. 国有民营经济。从财产所有权的角度看，国有和民营经济中企业的资产属于国家所有，但经营主体是民间团体或个人。目前，在我国，许多中小

---

① 江怡. 民营经济发展体制与机制研究［M］. 杭州：浙江大学出版社，2016.

国有企业已经从国有组织转变为民间团体或个人。这种通过承包、租赁、托管等方式实现经营主体转变的经济形式，属于国有企业和民营企业的范畴。一些新成立的国有企业也采用了这种国有民营管理模式。

中国的一些大中型企业已经通过改革实现了公司制，经营权移交给企业，但其财产所有权仍然属于国家。从理论上讲，这也属于国有和民营经济的范畴。但在实际情况中，在许多国有股份公司中，国有股占比较大，董事长和总经理往往由上级任命，公司治理结构尚未真正建立，因此，其无法归类为真正意义上的现代股份公司，无法纳入国有和民营经济的范围。

2. 集体所有制经济。集体所有制经济是部分劳动人民共同占有生产资料的社会主义公有制经济的一种形式。在这种经济模式中，企业由合作经济经营，劳动人民自己组织起来，自负盈亏。在社会主义公有制经济中，集体所有制经济占有重要地位，对促进社会协调发展发挥着积极作用。在中国农村经济的发展中，集体所有制经济发挥了不可或缺的作用，在城市领域的发展中也发挥了一定的作用。集体所有制经济有多种灵活的形式，包括企业职工集体所有制经济、社区集体所有制经济、股份合作经济和互助基金等多种形式。其中，股份合作经济是我国经济改革中出现的一种新的集体经济形式。它是20世纪80年代中期以后在农村乡镇出现的，结合了股份制和合作制的特点，实现了劳动与资本的有机结合。在股份合作经济中，劳动者不仅是劳动者，也是承担风险、分享利益的投资者。这种将工人的利益与企业的利益有机结合起来的经济模式，能够有效地激发工人的积极性，对企业的长远发展至关重要。与传统的集体经济相比，股份合作经济更能体现人民拥有私营部门的本质属性，是民营经济发展的重要方向之一。

3. 个体经济。个体经济是一种小型私有制的经济形式，如小商贩、杂货店等。在个体经济中，生产资料、劳动力和资产所有权归个人（包括家庭成员）所有。个体企业具有规模小、工具简单、操作方便、管理灵活等特点。个体经济虽然是一种独立的离散生产力，但也与社会化的大生产相联系。

具体来说，我国一些地区的社会生产力水平还不高，国家和集体不能满足所有人的需要。因此，一些以劳动力为基础的、相对分散的个体经济活动自然出现，并将长期发展下去。换言之，个体经济的存在是为了弥补社会化大生产的不足，在一定范围内，个体经济将长期持续发展。

4. 私营经济。私营经济和个体经济都属于私有制经济，但其规模大于个体经济，并通过雇佣劳动力来实现利润目标。在我国，民营经济有两个主要特点。

（1）在私营经济中，生产资料的所有者和支配者是私人个体，实际生产者主要是雇佣劳动者。这反映了资本主义私有制经济的显著特点。

（2）在社会主义公有制为主体的条件下，民营经济的生产经营活动受到公有制经济的制约。民营企业必须遵守社会主义法律法规。在社会主义国家，劳动者是社会的主人，民营企业侵犯劳动者的基本经济利益和政治权利，将受到法律的惩处。

迄今为止，我国民营经济在社会主义市场经济中占有重要地位。

5. 混合所有制经济。改革开放以来，中国的所有制改革不断深化，突破了传统的所有制观念，促进了不同所有制的融合和渗透，催生了一种新的商业模式和产权结构，即混合所有制经济。在中国共产党第十五次全国代表大会上，肯定了混合所有制经济的意义。在混合所有制经济中，私营经济的混合所有制尤为典型。它是由民间资本或国有资本以私人方式控制的企业经营形式，是国有资本与民间资本的混合经济形式。

6. 民营科技经济。民营科技经济是一种相对独立经营、自筹资金、以科技创新为增长手段的经济形式。虽然在民营经济中所占比重较低，但为民营经济的未来发展指明了方向。在民营科技经济中，主要的投资来源包括私人投资和公私混合投资。从创办者的角度来划分，民营科技企业可以分为由传统非国有企业升级而成的企业、由科技人员领办或创办的企业、由科研院所改革而成的企业、由三资企业投资的企业四种类型。①

（三）民营经济的地位和作用

民营经济在中国的经济社会发展中发挥着非常重要的作用。它已经逐渐成为中国经济制度中不可或缺的一部分，对于推动经济持续健康发展起到了至关重要的作用。民营经济的兴起和发展，为中国经济的多样化和多元化提供了强有力的支持。

鉴于此，2023 年 7 月 19 日，《中共中央　国务院关于促进民营经济发展壮大的意见》发布，对民营经济给出了新定位："民营经济是推进中国式现代化的生力军，是高质量发展的重要基础，是推动我国全面建成社会主义现

① 车娇. 中国民营企业创新研究［M］. 湘潭：湘潭大学出版社，2009.

代化强国、实现第二个百年奋斗目标的重要力量。"这一新颖表述是在坚持"两个毫不动摇"总体方针的基础上进一步深化的，表明了民营经济和民营企业的重要性日益凸显。

1. 民营经济是推进中国式现代化的生力军。民营经济人才一直是党必须团结和依靠的重要力量。认识和理解民营经济在经济社会发展中的重要地位对于加强党对民营经济的领导、凝聚起建设中国梦的强大力量具有积极意义。

改革开放以来，在党中央的方针政策指导下，中国民营经济历经40余年的蓬勃发展，实现了由小到大、由弱到强的历史性跨越。民营企业家和民营经济人才在这个过程中发挥了重要作用，他们创造了大量的就业机会，推动了技术创新和经济增长，为改善民生作出了贡献。

在税收、就业和对外贸易方面，民营经济都展现出显著贡献。税收方面，民营企业占比从2012年的48%上升到2021年的59.6%。就业方面，规模以上私营工业企业创造的就业比重从2012年的32.1%提高到2022年的48.3%。[①]而在对外贸易方面，自2019年起，民营企业已成为中国最大的外贸主体，2022年其占比超过50%。[②]这些数据显示了民营经济在经济发展中的重要贡献，并证明了民营经济在党的正确领导下取得了显著成就。

这些数据进一步强调了党对民营经济的重要领导作用，并鼓励我们继续支持和发展民营经济，以推动中国经济的长期繁荣。通过进一步加强党对民营经济的引导和支持，我们可以进一步激发民营经济的创造力和活力，促进经济社会的全面发展。

2. 发展民营经济是坚持和发展中国特色社会主义制度的重要内容。作为中国经济制度的内在组成部分，民营经济一直是中国特色社会主义的重要经济基础。在这种情况下，必须始终坚持和完善基本经济制度，巩固和发展公有制经济，并鼓励、支持和引导非公有制经济的发展。

近年来，我国民营经济取得了令人瞩目的成就。自2012年底至2022年

---

① 中国政府网. 进一步激发民营经济发展活力——国家发展改革委有关负责人就《中共中央国务院关于促进民营经济发展壮大的意见》答记者问 [EB/OL]. (2023 – 07 – 20) [2024 – 03 – 18]. https：//www.gov.cn/zhengce/202307/content_6893136.htm? jump = true.

② 海关总署. 2022年我国民企外贸进出口占比达50.9% [EB/OL]. (2023 – 07 – 20) [2024 – 03 – 18]. https：//politics.gmw.cn/2023 – 01/13/content_36300619.htm.

8 月，中国的民营企业数量从 1085.7 万家增加到 4701.1 万家，增长了一倍多，占企业总数的比例从 79.4% 增加到 93.3%。① 此外，中国民营企业在世界 500 强企业中的数量也从 2012 年的 5 家增加到 2022 年的 28 家。② 这些数据充分证明了中国民营经济的蓬勃发展。

与此同时，民营企业家参与国家治理的积极性和主动性显著增强，凸显了中国特色社会主义制度的优势。这种积极参与为我国经济的繁荣和社会进步作出了重要贡献。

3. 民营经济是建设现代化经济体系的重要主体。民营经济在深化供给侧结构性改革、促进高质量发展以及构建现代化经济体系中扮演着举足轻重的角色。民营企业是稳定和扩大就业的重要支撑力量。根据全国工商联发布的《中国民营企业社会责任报告（2022）》，2021 年，受访企业数量较上年增长 4.3%，其中，72.8% 的企业保持或改善了就业稳定，这体现了民营企业在创造就业方面的积极作用。

此外，民营企业的创新能力也显著增强。根据国家知识产权局知识产权发展研究中心发布的数据，截至 2021 年，中国发明专利授权量将达到 69.6 万件，其中，前十大民营企业占据了 7 席。③ 在国家级的"小巨人"企业中，民营企业占了 80% 以上。④ 这些数据表明，民营企业在技术创新和知识产权领域取得了显著成就。

二、我国民营经济发展的历史脉络

新中国 70 多年历史，以 1978 年改革开放为分界点。其中，改革开放前的 30 年可具体分为"恢复生产""社会改造"两个阶段，改革开放后具体可分为"改革发展""快速发展""科学发展"，以及党的十八大后在习近平新时代中国特色社会主义思想指引下"高质量发展"四个阶段。④

① 国家市场监管总局. 十年来中国民营企业数量翻两番 [EB/OL]. (2022-10-11) [2024-03-18]. https://baijiahao.baidu.com/s? id=1746383107537049256&wfr=spider&for=pc.

②④ 杨曦. 轻装上阵 民营企业"大胆发展"底气更足 [EB/OL]. (2023-03-09) [2024-03-18]. http://finance.people.com.cn/n1/2023/0309/c1004-32640644.html.

③ 技术水平持续提升，知识产权能力越来越强 民企创新活力不断迸发 [EB/OL]. (2022-12-28) [2024-03-18]. http://www.xinhuanet.com/2022-12/28/c_1129237070.htm.

④ 陈东，刘志彪. 新中国 70 年民营经济发展：演变历程，启示及展望 [J]. 统计学报，2020, 1 (2)：12.

（一）恢复生产阶段

新中国成立初期，面临着接管城市、发展生产、稳定社会的重要任务。为了实现国民经济的迅速恢复，巩固人民民主政权，维护社会稳定，迫切需要恢复私营工商业的生产。《共同纲领》和《私营企业暂行条例》在稳定局势、鼓励和支持有利于国计民生的私营经济方面发挥了重要作用。

在这一时期，民族资本主义得到了恢复和发展。据统计，1949～1952年，民族资本主义工业户数增长了 21.4%，职工人数增长了 25.1%，总产值增长了 54.2%。[①] 此外，个体手工业的产值从 32.37 亿元增长到 73.12 亿元。[②]

这些数据表明，在新中国成立之初，政府对民营经济保持了相对宽容的态度，并通过公私合营等措施促进了经济的发展。尽管后来的经济政策有所调整，但当时的发展确实为中国经济奠定了一定的基础。

（二）社会改造阶段

经过初期的恢复与发展，我国工业总产值按可比价格计算比 1949 年增长了 1.45 倍，平均年增长率达到 34.8%。[③] 党中央和毛泽东同志提出了过渡时期的总路线，计划在 10～15 年内推动我国从新民主主义社会向社会主义社会过渡。截至 1956 年底，99.6% 的私营工业企业和 93.3% 的私营商业资本已完成所有制改造。[④]

然而，在私营经济融入"一大二公"所有制的过程中，个别个体经济和广义民营经济仍存在，同时也形成了广泛存在的城乡集体经济。这些经济形态为改革开放培育了市场基因。

由于缺乏综合保障措施，城镇集体经济在计划经济体制下面临着知识青年失业问题的挑战，即使在"文化大革命"期间也没有停止生产活动。作为一种"小集体"，街道企业开始展现出内在的市场基因。自 1970 年起，一些国营企业、机关和事业单位开始涉足企业经营，这进一步增强了"小集体"

---

① 黄淑婷. 中国共产党民营经济政策演变研究 ［J］. 前沿,2011（5）：131－133.

② 引导个体手工业者走合作化道路 ［EB/OL］.（2016－05－30）［2024－03－18］. https://www.dswxyjy.org.cn/n1/2016/0530/c244520-28389935.html.

③ 新中国 60 年报告：从一穷二白到现代工业体系的跨越 ［EB/OL］.（2009－09－21）［2024－03－18］. https://www.gov.cn/gzdt/2009-09/21/content_1422263.htm.

④ 湖北大学统战部. 对资本主义工商业的社会主义改造（下）［EB/OL］.（2021－06－21）［2024－03－18］. https://tzb.hubu.edu.cn/info/1004/3855.htm.

的实力。

农村社队工业更具市场化基因，以农业为依托，享有较完全的经营自主权。这些特殊群体通过市场机制谋求生存和发展，展现出更强的生命力。

总体而言，社会改造阶段实现了公有制经济建设和城乡集体经济发展。这一阶段的经验为中国后来的改革开放奠定了基础。城镇集体经济和农村社队工业经济具有不同的市场化基因，为中国经济的发展打下了坚实基础。

（三）改革发展阶段

在 1978～1991 年的改革发展阶段，中国经历了深刻的政治和经济变革。这一时期对于中国开启改革开放、实现现代化进程具有重要意义。

中国在此期间面临了许多问题和挑战，如计划经济模式下生活资料不足、经济发展水平低下以及人民生活长期未得到改善等。中共十一届三中全会的召开标志着中国政策的转变和对经济发展的重视。通过解放思想、鼓励个体私营经济的发展，中国开始逐步摆脱计划经济体制，向社会主义市场经济体制迈进。

在此期间，中国政府采取了一系列积极措施来推动私营经济的发展。例如，政府鼓励工商界使用资金、允许农村实行包产到户政策等。这些政策的实施激发了个体经济的活力，并为私营经济提供了政策保障。随着时间的推移，私营企业的数量和从业人员逐渐增加，私营经济在中国经济中的地位也得到了法律和宪法的确认。

改革发展阶段的成功在于党的政策积极探索和创新。通过解放思想、鼓励个体私营经济的发展，中国为民营经济提供了认可和引领，推动了经济的蓬勃发展。这一时期的改革开放为中国今后的经济发展奠定了基础，并为未来的改革提供了宝贵的经验和启示。

（四）快速发展阶段

1992～2001 年，中国经历了快速发展阶段，这一时期被认为是中国经济改革开放的关键时期。以下是该阶段的主要特点和事件。

邓小平南方谈话：邓小平于 1992 年在南方视察，并发表了南方谈话。这次讲话解决了关于"姓社姓资"的争议，并进一步明确了市场经济在社会主义制度下的地位。

建立社会主义市场经济体制：党的十四大于 1992 年提出了建立社会主义市场经济体制的目标。随后，党的十四届三中全会通过了《中共中央关于建立社会主义市场经济体制若干问题的决定》，为不同类型的企业在市场竞争中平等参与创造了条件。

非公有制经济地位提升：党的十五大于 1997 年将非公有制经济的地位由"公有制经济的必要和有益的补充"提升为"社会主义市场经济的重要组成部分"，进一步确认了民营经济在中国经济中的重要地位。

民营企业家的政治地位提高：民营企业家们逐渐提升其政治地位，越来越多的民营企业家成为全国政协委员和人大代表。到 2002 年，有大量民营企业家担任县级以上人大代表和政协委员。

大规模创业潮：在这一时期，许多体制内人员下海创业，形成了中国民营经济发展史上的第一次大规模创业潮。同时，留学归国人员也积极创办了许多民营科技企业。

民营经济的多元化发展：在国有企业改革的进程中，民营经济以积极姿态参与其中，不仅涉足基础设施和公用事业等领域，还展现了强大的市场活力和创新能力。许多民营企业在此过程中按照市场经济规律自主经营、自负盈亏，迅速实现了发展壮大。这一转变不仅体现了民营经济在国民经济中的重要地位，也展现了其灵活适应市场变化的能力。

在这一阶段，中国民营经济得到了极大的发展和壮大，为中国经济的快速增长作出了重要贡献。同时，民营企业也成为中国经济改革开放的亮点和动力源泉。

（五）科学发展阶段

在党的十六大到十七大期间，中国始终坚持"两个毫不动摇"的方针，即巩固和发展公有制经济，同时鼓励、支持和引导非公有制经济的发展。这一方针的核心是实现不同所有制经济之间的平等竞争和相互促进，在社会主义的框架下推动经济的转型升级和科学发展。

在这一阶段，民营经济得到了更多的关注和支持。民营企业积极参与市场竞争，推动企业的创新和发展。非公有制经济政策也得到创新，旨在为民营经济的发展提供良好的环境和机会。

2002 年，党的十六大明确提出了"巩固和发展公有制经济""鼓励、支持和引导非公有制经济发展"的方针。此后，2007 年党的十七大首次提出了"两个平等"的理念，强调要平等保护物权，促进各种所有制经济的平等竞争和相互促进，从而形成新的发展格局。

为了适应这一新的经济格局，中国的法律进行了及时的调整和跟进。2004 年 3 月，宪法修正案确立了民营企业家的政治地位，并明确保护他们的合法权益。2005 年，国务院发布了《关于鼓励支持和引导非公有制经济发展的若干意见》；2010 年，发布了《关于鼓励和引导民间投资健康发展的若干意见》，这两份政策文件的出台，促进了民营经济的公平竞争，并消除了市场壁垒。

与此同时，在目前这一阶段的发展进程中，可以明显看出，民营企业家在政治地位上获得了更高的认可和重视，被定位为"中国特色社会主义事业建设者"。在党的十六大首次有 6 位民营企业家党代表出席大会中得以充分体现。此外，2002 年，有 4 位民营企业家被授予全国五一劳动奖章，充分证明了他们在社会贡献和劳动成果方面的突出表现。到了 2004 年，首届"优秀中国特色社会主义事业建设者"评选活动中，共有 100 位民营企业家受到了表彰。

在这一阶段，中国的民营经济展现出持续且蓬勃的发展态势。数据显示[1]，截至 2012 年 9 月，我国已登记注册的私营企业数量达到了 1059.8 万户，注册资金高达 29.8 万亿元。同时，民营企业在就业和投资方面也发挥了重要作用，为社会提供了广泛的就业机会和投资机遇，吸纳了超过 1.1 亿人的从业人员和投资者。此外，个体工商户的数量也达到了 3984.7 万户，注册资金为 1.88 万亿元，从业人员数量更是高达 8457.7 万人。这些数据充分反映了中国民营经济的强劲发展势头和其对国家经济发展的重要贡献。

（六）高质量发展阶段

党的十八大以来，民营经济得到了历史性的机遇和发展。政府提出了一系列政策举措，旨在推动民营经济实现高质量发展，构建更加健康稳固的政商关系，并弘扬优秀企业家精神。这些举措包括但不限于加强民营企业的市场准入和公平竞争保障，提供更多的金融支持和税收优惠政策，推动民营企

---

① 新华社. 我国登记注册的私营企业数突破千万家 同比增 12.6% ［EB/OL］. (2013 - 02 - 01)［2024 - 03 - 18］. https://www.gov.cn/jrzg/2013 - 02/01/content_2325123.htm.

业家参与决策和制定政策等方面。这些政策的出台为民营经济发展提供了有力的支持和引导，进一步激发了企业家创造力和创新精神，促进了中国民营经济的繁荣和发展。

其中，"三个平等"思想强调保障各种所有制经济依法平等使用生产要素、公平参与市场竞争、同等受到法律保护，进一步加强要素平等使用的重要性。党的十八届三中全会则明确指出"公有制经济和非公有制经济都是社会主义市场经济的重要组成部分，都是我国经济社会发展的重要基础"，并强调要坚持权利平等、机会平等、规则平等，为民营经济提供更好的发展环境。

当前，随着中国经济的持续发展，党的基层组织建设也在不断加强和完善。为了更好地服务广大人民群众，党的基层组织范围进一步扩大，尤其在产业集群和商会党的建设步伐也在加快。近年来，中国民营经济取得了显著的成绩。数据显示，中国个体工商户和企业的数量大幅增长，已经成为推动中国经济持续发展的重要力量。这充分展现了民营经济发展的蓬勃活力，也表明中国的市场经济体系正在不断完善。在党的基层组织建设方面，产业集群和商会党的建设是其中的重要组成部分。通过加强产业集群和商会党的建设，可以更好地发挥基层党组织的战斗堡垒作用，引导民营企业家更好地履行社会责任，推动经济社会发展。同时，也为个体工商户和企业提供了更多的发展机遇和平台，帮助他们更好地参与到市场竞争中去。未来，随着中国经济的进一步发展和市场经济的不断完善，民营经济将继续保持蓬勃发展的态势。党的基层组织建设也将继续加强和完善，为民营经济的发展提供更加广阔的政治和发展空间。同时，个体工商户和企业也将迎来更多的发展机遇和挑战，需要不断创新和努力，实现可持续发展。

总体来看，在习近平新时代中国特色社会主义思想的引领下，中国政府倡导并实施了一系列政策和措施，为推进民营经济的高质量发展，建立了更加健康的政商关系，弘扬了优秀企业家精神，为民营经济的繁荣作出了重要贡献。

三、我国民营企业 500 强主要数据

如图 2 - 1 所示，根据全国工商联发布的《2022 年中国民营企业 500 强调研分析报告》，2021 年民营企业 500 强的经营状况呈现出以下几个主要

特点。

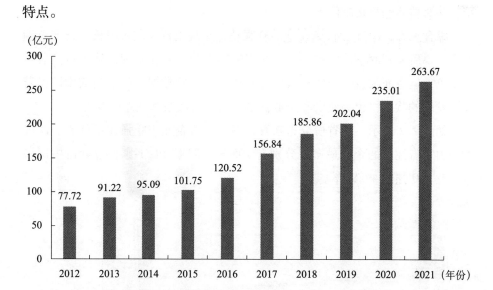

图 2-1 2012～2021 年民营企业 500 强的入围门槛

资料来源：中华全国工商业联合会.2022 中国民营企业 500 强发布报告［EB/OL］.（2022-09-07）［2024-03-19］. http://www.acfic.org.cn/ztzlhz/2022my5bq/2022my5bq_4/202208/t20220830_111966.html.

入围门槛和总营业收入增长：2021 年，民营企业 500 强的入围门槛为 263.67 亿元的营业收入，较 2020 年增加了 28.66 亿元。这表明民营企业 500 强竞争激烈，并且整体营业收入有所增长。具体来说，民营企业 500 强的总营业收入达到了 38.32 万亿元，相较于上一年增长了 9.13%。这显示了这些企业在市场中的强劲发展态势。

资产总额下降：尽管营业收入增长了，但民营企业 500 强的资产总额却出现下降，降幅为 17.92%。这可能表明一些企业在经营过程中进行了优化和整合，或者遇到了一些经济环境的挑战。资产总额的下降也可能与企业的重组、资产出售或其他因素有关。

税后净利润下滑：民营企业 500 强在税后净利润方面数值为 1.73 万亿元，相较于上一年下降了 12.28%。这可能是因为一些企业面临了成本上升、市场竞争加剧等挑战，导致利润水平有所下降。

超大规模企业增加：在这些企业中，有 87 家民营企业的营业收入超过 1000 亿元（含），而 37 家企业的税后净利润超过百亿元。这显示出在民营企业 500 强中，存在着少数高规模企业，它们在中国经济中发挥着重要的作用，并对整体经济贡献巨大。

综合来看，2021 年民营企业 500 强整体呈现出营业收入增长、资产总额下降、税后净利润下滑的趋势。一些规模较大的企业在中国经济中扮演着重要角色，但也面临着一定的经营压力和挑战。这些数据反映了当前中国民营经济发展的状态，也为政府和企业提供了对经济政策和战略的参考。

如图 2.2 所示，从省份分布来看，中国民营企业 500 强在浙江省、江苏省和山东省注册的企业最多，分别有 105 家、93 家和 51 家，合计占中国民营企业 500 强的 49.80%。

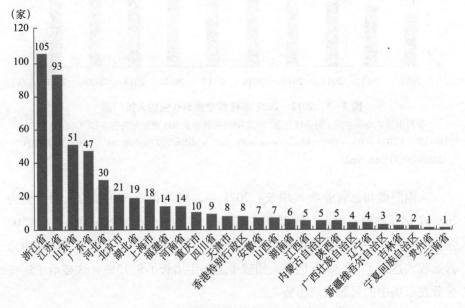

图 2 - 2　民营企业 500 强区域分布

资料来源：上奇产业通. 中国民营企业 500 强画像［EB/OL］.（2023 - 04 - 10）［2024 - 03 - 20］. https：//mip. book118. com/html/2023/0407/7034154115005062. shtm.

如图 2 - 3 所示，中国民营企业 500 强大多涉足多个产业，从产业分布来看，涉足商业服务的企业最多，有 169 家；其次是从事电子信息和装备工业的企业，分别有 78 家和 74 家。

如图 2 - 4 所示，截至 2022 年 12 月 31 日，中国民营企业 500 强注册资金平均为 17 亿元。其中，注册资金在 1 亿~5 亿元的企业最多，有 163 家，占比 32.60%；其次为注册资金在 10 亿~20 亿元和 5 亿~10 亿元的企业，分别有 92 家和 62 家，占比分别为 18.40% 和 17.00%。

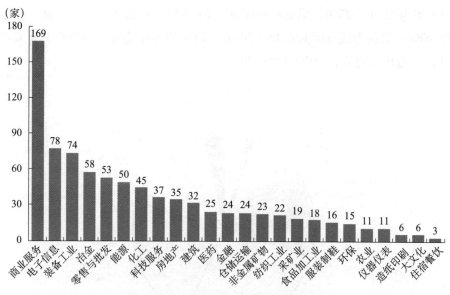

图 2 - 3　民营企业 500 强产业分布

资料来源：上奇产业通．中国民营企业 500 强画像［EB/OL］．（2023 - 04 - 10）［2024 -
03 - 20］．https：//mip. book118. com/html/2023/0407/7034154115005062. shtm.

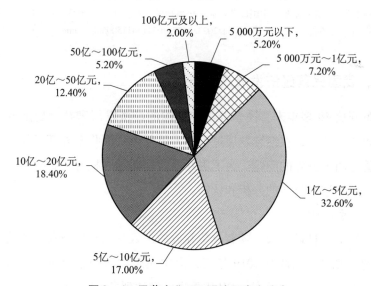

图 2 - 4　民营企业 500 强注册资金分布

资料来源：上奇产业通．中国民营企业 500 强画像［EB/OL］．（2023 - 04 - 10）［2024 -
03 - 20］．https：//mip. book118. com/html/2023/0407/7034154115005062. shtm.

如图 2 - 5 所示，截至 2022 年 12 月 31 日，中国民营企业 500 强成立年限平均为 21 年。其中，成立时间在 20～25 年的企业最多，有 136 家，占比 27.20%；其次为成立时间在 15～20 年和 25～30 年的企业，分别有 113 家和 97 家，占比分别为 22.60% 和 19.40%。

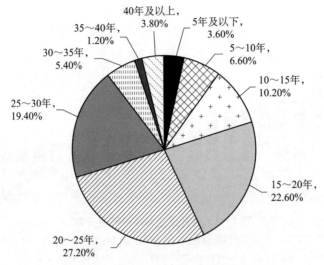

图 2-5 民营企业 500 强成立时间分布

资料来源：上奇产业通. 中国民营企业 500 强画像 [EB/OL]. (2023-04-10) [2024-03-20]. https://mip.book118.com/html/2023/0407/7034154115005062.shtm.

四、我国民营经济发展现状与挑战

改革开放 40 多年来，民营经济在中国的经济发展和社会稳定方面产生了深远影响。然而，在继续发展过程中，民营经济面临着外部环境和企业自身经营管理两个方面的问题。为了更好地识别问题的根源并找到有效解决办法，我们需要进行科学的分析和认知。

（一）发展现状

经济影响力日益扩大。随着改革开放的深入，民营经济逐渐成为中国经济增长的主要引擎。截至 2019 年底，全国注册在册的企业中，民营经济达到了 90% 以上，它们所占的 GDP 比重也已经达到了 60% 以上。

技术创新不断加速。作为激发民营经济发展的一种手段，政府提出了"双创"战略。这项战略的核心是通过大量投资和政策支持，激励个人和企业进行技术创新。在这项政策的推动下，许多民营企业拥有了强大的技术优势，这使得他们在市场竞争中占据了明显的优势。

行业分布范围广泛。民营企业涉及的行业非常广泛。除了传统的制造业、农业和服务业之外，民营企业在文化、旅游、教育、金融等领域也积极开展业务。这样的多元化从根本上可提升民营经济的长期稳健发展。

利润增长速度。近年来，民营企业的利润增长速度快于国有企业。2019年前三季度，民营企业利润分别增长了7%和9.8%。由于政府的扶持和大力推进改革开放，市场机制日益完善，民营企业获得了更多的市场接触和获利渠道。

（二）面临的挑战

环境意识淡薄。许多民营企业的环保意识较弱，未能充分认识到环境保护的重要性。这就会导致许多企业在生产的过程中产生污染，甚至在追求利润的过程中，忽视环境保护成本。政府应该适当收紧相关的法律法规，同时也要提高企业的环保理念。

资金流动困难。由于民营企业不如国有企业拥有政府支持和优质的信贷，因此资金问题始终是他们面临的重大问题。尤其是在新冠疫情期间，资金短缺问题更为常见。政府应该提高对民营企业的融资支持，适当降低融资门槛。

人才竞争激烈。在人才之战中，民营企业很难确保自己拥有最优秀的人才。目前，一些大企业因待遇、福利和晋升机会已经成为优秀人才的主要选择。民营企业应该完善自己的培训机制、加强人才保障，同时也要建立自己的品牌形象，以吸引更多优秀人才。

综上所述，民营经济在改革开放的过程中发展迅速，成为我国经济增长的重要支柱。但是，目前也面临许多困难和挑战，政府和企业都应该积极应对和解决。只有这样，才能推动民营经济不断发展壮大，为经济社会发展不断注入新的力量。

五、福建省民营经济发展概况

2023年初，福建省发布的三组数据显示①，福建省民营经济企业规模的

---

① 从三组数据看福建民营经济"量""质""能"齐增［EB/OL］.［2023 - 02 - 28］. https：//baijiahao. baidu. com/s? id = 1759033867042851563&wfr = spider&for = pc.

"量"、产业发展的"质"、高质量发展的"能"齐齐增长。

首先，福建省的民营企业规模正在持续扩大。福建省发改委的数据显示，2023 年初，全省各地新开工的重大项目总投资额高达 3948 亿元，年度计划投资额也达到了 877 亿元。值得关注的是，民间资本在这些重大项目中表现出极高的参与度，特别是在工业、服务业和康养等社会民生领域的重大项目建设中，民间资本的年度计划投资额超过了 600 亿元。这一数据充分表明，民间资本在福建省的重大项目投资中占据了重要地位。通常，重大项目投资被视为政府公共投资的主要领域，但福建省的实际情况却显示，民间资本在其中发挥着不可或缺的作用。这种活跃的民间资本投资现象，得益于福建省民营经济的快速发展和规模效应的显现。

其次，民营工业在中国经济中的地位日益凸显，其产业发展质量也在稳步提升。统计数据显示，2022 年福建省规模以上民营工业增加值实现了 9.3% 的同比增长，这一增速比全省规模以上工业高出 3.6 个百分点。这充分证明了民营工业在经济增长中的积极拉动作用，其增速明显超越其他工业部门。此外，民营工业增加值在规模以上工业中的占比达到了 63.7%，显示出民营工业在整体工业中的主导地位，是推动工业发展的核心力量。不仅如此，民营工业在出口方面也表现出强大的竞争力。2022 年，福建省民营工业实现出口交货值 4647.78 亿元，同比增长 8.5%，这一增速比全省平均水平高出 3.7 个百分点。这充分说明民营工业在出口领域具有显著的优势和巨大的增长潜力。进入 2023 年上半年，福建省规模以上民营工业增加值同比增长 2.2%，这一增速比 1~5 月提高了 2.8 个百分点，比第一季度更是提高了 6.4 个百分点。这一数据表明，民营工业在上半年的增速有所回升，显示出明显的复苏迹象。这一趋势预示着民营工业将继续为中国经济的稳步增长提供有力支撑。

工业在国民经济中起着主导作用。对于推动整体经济发展起着至关重要的作用。在 2022 年，福建省规模以上私营工业在增加值和出口交货值等关键指标上取得了显著的成绩，这不仅是其产业发展"质量"持续提升的有力证明，更充分展示了福建省私营企业对于实业发展的坚定决心和不懈努力。通过不断改造和提升传统产业，聚焦并深耕于战略性新兴产业，福建省的私营企业正积极推动产业升级，为加快建设现代化产业体系贡献着重要的力量。这些成果不仅彰显了私营经济的活力和潜力，也为全省经济的持续健康发展奠定了坚实的基础。

最后，福建省的民营企业在研发领域的投入正逐年增加，展现出一种稳步积累的高质量发展趋势。统计数据显示，福建省的民营经济对全省税收的贡献超过70%，并占据了地区生产总值的约70%。令人瞩目的是，全省高达95%的高新技术企业为民营企业，同时80%的国家级和90%的省级企业技术中心也位于民营企业之中。此外，民营企业还为福建省创造了70%的科技成果。这些数据不仅凸显了福建省民营企业在研发领域的巨大投入，更凸显了他们在科技创新方面的卓越表现。

这些良好的数据得益于福建省民营企业在推进产业高端化和智能化方面的不懈努力。以2022年北京冬奥会为例，安踏和匹克提供的比赛装备鞋服、雪人的氨制冷系统，以及三棵树的绿色涂料等产品都备受瞩目，赢得了广泛的赞誉。此外，宁德时代的动力电池连续五年全球使用量排名第一，福耀集团也已成为国内领先、世界顶尖的汽车玻璃制造商。近年来，福建省的众多民营企业通过其创新的"福建智造"产品在国际市场上获得了极高的声誉，塑造了新一代闽商的形象。这些成功的案例不仅凸显了福建省民营企业的技术实力和市场竞争力，也为其他企业提供了宝贵的经验和启示，展示了福建省民营经济的活力和潜力。

福建省作为中国民营经济的重要发源地之一，一直以来都是中国经济发展的重要引擎。民营经济是福建省的特色、活力和优势。福建在民营经济领域有丰富的实践场景、线下案例和创业经验，通过对福建民营经济的研究可以梳理提炼新时期福建民营经济发展的典型经验，为全国民营经济研究提供鲜活的样本。

2023年，福建省政府工作报告中明确提出要实施新时代民营经济强省战略。这一战略的实施将有助于进一步激发福建省民营经济的活力和潜力，推动民营企业实现更高质量、更高效益的发展。随着中国经济的不断发展和转型升级，民营经济在国民经济中的地位和作用越来越重要。福建民营企业作为福建省经济发展的重要支柱，具有传统产业优势和独特的发展潜力。在实施新时代民营经济强省战略的过程中，政府需要加大对民营企业的支持力度，优化营商环境，激发市场活力。同时，民营企业自身也需要不断创新、提升核心竞争力，适应市场需求的变化。在政府和企业的共同努力下，推动福建省民营经济实现更加繁荣、健康的发展。

1. 民营经济概况。福建省经济总量在全国处于中上游水平，2022年，其GDP总量位于全国第8，地区生产总值保持增长且增速位居全国前列，财政实力也处于中等偏上水平，除2021年外，2012年以来，福建省GDP增速皆高于全国水平。

从三大产业结构来看，近年来福建三大产业结构相对比较稳定，2022年，福建三大产业结构由2021年的5.9%∶47.8%∶47.1%调整为5.8%∶47.2%∶47.0%，如图2-6所示。可见，到2022年，福建省第二产业占比小幅上升。

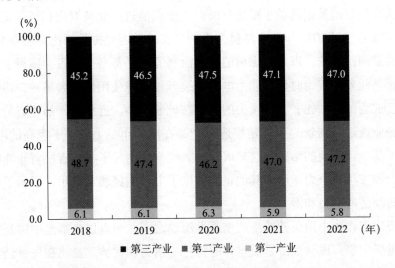

图2-6 福建省三大产业结构对比

资料来源：福建省统计局.2022年福建省国民经济和社会发展统计公报［EB/OL］.（2023-03-14）［2024-03-20］. http://tjj. fujian. gov. cn/xxgk/tjgb/202303/t20230313_61 30081. htm.

近年来，福建省积极推进创新驱动发展战略，不断加大科技研发投入，推动产业转型升级，提升产业核心竞争力。通过构建现代化产业体系，优化产业结构，积极支持民营企业扩大规模、提高质量，福建省民营经济迎来新一轮更好、更快的发展。2023年，福建省进一步提出实施新时代民营经济强省战略，加大力度促进民营经济发展壮大。为了实现这一目标，福建省政府在政策和舆论两方面积极鼓励支持民营经济和民营企业发展壮大。首先，政府坚定不移地落实"两个毫不动摇"，即毫不动摇巩固和发展公有制经济，毫不动摇鼓励、支持、引导非公有制经济发展。这一政策的落实将为民营经济发展提供更加广阔的空间和机遇。其次，福建省政府传承弘扬并创新发展"晋江经验"，即坚持发展实体经济、注重品牌建设、深化改革创新、弘扬企业家精神等经验。通过这一经验的传承和创新，福建省将进一步推动民营经济发展壮大。此外，政府还全面实施新时代民营经济强省战略，深入推进各项工作。通过加大财政支持力度、降低企业税费负担、加强金融支持等措施，福建省将为民营经济发展提供更加优惠的政策环境。同时，政府还将加强市场监管，保护民营企业产权和企业家权益，积极弘扬企业家精神，鼓励企业专心致志发展实业、全力打造品牌。这一系列措施，旨在推动民营经济健康稳定增长，为经济发展注入新动力。

2. 民营企业的区域分布特点。根据截至 2021 年底的数据，福建省的民营企业数量众多，且呈现明显的地域集中性。深入分析这些数据，我们可以揭示出福建省民营企业的关键数据和趋势。

（1）城市民营企业数量：厦门、泉州和福州是福建省民营企业数量最多的三个城市。具体来说，厦门拥有 46.13 万家民营企业，泉州和福州分别为 40.82 万家和 36.49 万家。这三个城市的民营企业数量合计占全省的 68.28%。

（2）注册资金：福州和厦门的民营企业规模较大。全省民营企业注册资金总额中，福州占比 33%，厦门占比 25.28%。

（3）平均注册资金：平潭和福州的民营企业平均注册资金规模较高，超过了全省民营企业的平均水平。这意味着这两个地区的民营企业更倾向于规模较大的发展。

（4）民营企业在所有企业中的占比：在所有企业类型中，民营企业在某些地区占据主导地位。具体来说，莆田、宁德和泉州的民营企业在所有企业中的占比分别为 98.41%、97.87% 和 97.43%。

（5）民营企业数量的变化趋势：莆田和龙岩的民营企业数量同比增幅较高，分别为 27.76% 和 25.29%。这说明这两个地区的民营企业在过去几年中增长迅速。与此同时，泉州的民营企业数量增幅有所下降，这可能与其发展成熟度较高有关。

综合来看，福建省的民营经济发展相对较好，尤其是在厦门、泉州和福州等城市民营企业数量较多，且民营企业在当地经济中扮演着重要角色。政府对民营企业的支持政策和市场机遇也为其发展提供了有利条件。不过，随着经济环境的变化，民营企业数量增幅有所波动，需要进一步关注发展的稳定性和可持续性。

3. 民营企业的行业分布特点。根据截至 2021 年底的数据，福建省的民营企业在不同行业中的分布情况、注册资金以及增速表现如下。

（1）行业分布：福建省的民营企业主要集中在批发零售业、商务服务业和制造业领域。这三个行业分别有 70.81 万家、23.37 万家和 20.49 万家，占民营企业总数的 39.16%、12.93% 和 11.33%。这显示了这些行业在福建省的经济中占据重要地位。特别是批发零售业，其庞大的企业数量及所占比例充分证明了其在福建经济的活力和稳定性中的关键作用。

（2）注册资金：商务服务业和批发零售业的民营企业注册资金较高，分别为 3.47 万亿元和 2.31 万亿元，占比分别为 26.02% 和 17.34%。这表明这些行业中的一些企业规模较大，具备相当的资本实力。而金融业、水电热气生产供应业和房地产业的平均注册资金规模也较高，分别为 5983.74 万元/家、2389.85 万元/家和 2001.11 万元/家。

（3）行业占比：从各行业民营企业占所在行业企业总量的比重来看，建筑业、教育业和卫生业的民营企业占比较高，分别为 98.9%、98.65% 和 98.39%。这显示了这些行业中民营企业的地位较为突出，是推动这些行业发展的重要力量。相比之下，金融业的民营企业比例最低，为 38.76%，这可能与金融行业的特殊性质和较高的准入门槛有关。

（4）行业增速：2018～2021 年，文体娱乐业和科技服务业的民营企业数量增速一直保持在 18% 以上，显示出这两个行业的活力和增长潜力。然而，制造业和建筑业的民营企业数量增速下降明显，从 2018 年的 12.51% 和 25.06% 下降至 2021 年的 6.75% 和 14.2%。这可能反映出这些行业在经济转型和调整中面临一些挑战，如劳动力成本上升、环保压力增大和技术更新换代等问题。尽管如此，这两个行业在福建省的民营经济中仍占据重要地位。

综合来看，福建省的民营企业在批发零售业、商务服务业和制造业中集中分布，并在建筑业、教育业和卫生业中占据较高比重。商务服务业和批发零售业的民营企业规模相对较大，而金融业的民营企业比例较低。近年来，一些行业如文体娱乐业和科技服务业等呈现较高的增速，制造业和建筑业的增速有所放缓。这些数据反映了福建省民营经济在不同行业的发展态势和特点。

第三节 高质量发展

一、高质量发展内涵

高质量发展是新时代中国经济的鲜明特征。2019 年，全国两会指出，"高质量发展是创新为第一动力的发展，是创业兴业的发展，是创造活力的发展"。过去 40 年的经济高速增长解决了"要不要"的问题，现在强调高质量发展是要解决"好"的问题。那什么是高质量发展呢？为了构建相应的量化指标体系，并对高质量发展过程进行监测和评价，首先需要对高质量发展内涵进行充分理解。

已有文献从多个方面对高质量发展的内涵进行了解读，具体见表 2 - 1①。总结起来，可以从多个视角对此进行解析。首先，高质量的经济增长相较于以往的经济发展理念，更注重满足人民对美好生活的向往以及社会发展中不平衡和不充分的问题。正如党的十九大报告所指出的，我国社会的基本矛盾已经转变为"人民日益增长的美好生活需要和不平衡不充分的发展之间的矛盾"。近几十年来，我国居民收入差距一直维持在较高水平，不同群体的收入增速存在较大差异。高质量发展的一个结果应更好地弥补发展中的不平衡问题，为全体居民增加更多实际福祉。这与 2020 年全面建成小康社会目标也相关联。其次，在经济增长方面，高质量发展不再重点强调经济增速，更多地强调生产效率和经济效益的提高。最近 10 年，我国经济增速开始放缓，GDP 增长率已经难以达到过去的 8% 水平。与此同时，在经济增长中出现许多问题，比如供给过剩、创新水平不足。高质量发展也是新时代经济增长的必然要求。最后，高质量发展更加重视环境保护、绿色发展和社会风险防范。

---

① 石奇. 高质量发展：问题、辨识与路径［M］. 南京：江苏人民出版社，2022.

表 2 - 1　　　　　　　　　部分文献对"高质量发展"内涵的界定

文献出处	观点内容
何立峰（2018）	高质量发展是体现"五大发展理念"的发展，是能够很好地满足人民日益增长的美好生活需要的发展
赵昌文（2017）	一是通过识别经济社会发展中突出的不平衡、不充分问题来界定高质量发展；二是以是否有利于解决新时代我国社会主要矛盾、是否有利于解决发展不平衡不充分问题、是否有利于满足人民日益增长的美好生活需要为根本标准来判断高质量发展
杨伟民（2018）、刘志彪（2018）	高质量发展就是能够很好地满足人民日益增长的美好生活需要、体现新发展理念的发展，是创新成为第一动力、协调成为内生特点、绿色成为普遍形态、开放成为必由之路、共享成为根本目的的发展
任晓（2018）、李金昌等（2019）	高质量发展是经济发展质量的高级状态和最优状态
张军扩（2018）	是能够更好地满足人民日益增长的美好生活需要的发展，是要将人民对美好生活的期盼变成现实的发展
金碚（2018）	高质量发展就是更高水平、更有效率、更加公平、更可持续的发展，也即完成从规模的"量"到结构的"质"，从"有没有"到"好不好"的两个转变
任保平（2018）	高质量发展是能够更好地满足人民不断增长的真实需要的经济发展方式、结构和动力状态
吕薇（2018）	高质量发展就是提质增效、创新驱动、绿色低碳和协调共享
林兆木（2018）	高质量发展是经济发展质量的高水平状态，包括经济发展、改革开放、城乡发展和生态环境的高质量
朱启贵（2018）	实现高质量发展，一要提高全要素生产率，用较少的投入形成更多的有效产出；二要持续提高保障和改善民生水平，持续提高保障和改善民生；三要坚持稳中求进总基调，保持经济运行的稳定性、可持续性和低风险
李伟（2018）	经济高质量发展就是商品和服务质量普遍持续提高，投入产出效率和经济效益不断提高，创新成为第一动力，绿色成为普遍形态，坚持深化改革开放，共享成为根本目的

文献出处	观点内容
徐赟（2018）	高质量发展一是贯彻新发展理念，二是坚持质量第一、效益优先，三是以供给侧结构性改革为主线，四是供给体系和产业结构迈向中高端，五是国民经济创新力和竞争力显著增强，六是能够很好地满足人民日益增长的美好生活需要
麻智辉（2018）	高质量发展意味着高质量的供给、高质量的需求、高质量的配置、高质量的投入产出、高质量的收入分配和高质量的经济循环
王一鸣（2018）	高质量发展就是资源配置效率和微观生产效率大幅提高，创新成为引领经济发展的第一动力，战略性新兴产业、高新技术产业比重不断提高，实现由低技术含量、低附加值产品为主向高技术含量、高附加值产品为主转变，实现由高成本、低效益向低成本、高效益转变，实现由高排放、高污染向循环经济和环境友好型经济转变
汪同三（2018）	从微观层面的产品和服务质量、中观层面的产业和区域发展质量以及宏观层面的国民经济整体质量和效益来考察发展质量。从供求和投入产出角度，意味着高质量的供给、高质量的需求、高质量的配置、高质量的投入产出、高质量的收入分配和高质量的经济循环

资料来源：笔者自制。

二、高质量发展理念的提出及背景

中国拥有悠久的历史和璀璨的文化，曾一度是世界上最先进、最强大的国家。然而，随着 18 世纪西方工业革命的兴起，当时的中国不仅在科学技术上落后于西方，还经历了侵略战争带来的重大挫折。从 19 世纪后半叶到 20 世纪中叶，中国 GDP 占世界比重急剧下降，由 30% 降至 5%。

新中国成立之初，面临着百废待兴的局面，在党的领导下探索着建立社会主义制度，寻求富国、强国之路。改革开放后，以邓小平理论和"三个代表"重要思想为指导，中国推进市场化改革和对外开放，建立起以公有制为主体、多种所有制经济共同发展的基本经济制度。

进入新时代后，在习近平新时代中国特色社会主义思想的指引下，中国开启了由富国向强国的跨越。正是以马克思主义政治经济学为指导思想，习近平总书记在中国共产党第十九次全国代表大会上首次基于国内外实际提出了高质量发展的概念。[①] 回顾历史，中国高质量的发展提出建立在以下现实基础[②]。

1. 我国已经进入中等收入的国家行列。我国人均 GDP 已经进入了中等收入国家行列。然而，按照国际经验，在进入中等收入发展阶段的国家普遍面临着"中等收入陷阱"的挑战。这一陷阱意味着在进入中等收入发展阶段后，如果仍继续采用低收入阶段的发展方式，可能会导致一系列问题，如收入分配差距扩大、腐败问题加剧、环境恶化等，进而导致国际竞争力明显下降。

一些拉丁美洲和加勒比海岸沿岸国家如委内瑞拉、塞舌尔等就是"中等收入陷阱"的典型代表。由于历史遗留问题、政治动荡、经济发展失误以及福利政策不当等多种因素的影响，这些国家在达到中等收入水平后，却面临着收入差距加大、生态环境遭受严重破坏等挑战，导致其发展进程陷入停滞状态。

不仅如此，有些国家曾经跨越过"中等收入陷阱"，但也有可能再次落入其中。因此，跨越"中等收入陷阱"并不是一件轻松的事情。

过去，我国主要依靠投资、出口和消耗资源环境等方式追求 GDP 增长，这是低收入国家阶段的发展模式。然而，现在的时代背景已经不同，如果继续采用过去的经济发展方式，我国将面临落入"中等收入陷阱"的风险。因此，我国在已经进入中等收入国家的现实基础上，提出高质量发展的目标具有重要的现实意义。

2. 中国社会的主要矛盾已经发生改变。目前，我国社会的主要矛盾主要体现在两个方面。

第一，人民的美好生活需要日益增长。随着人民可支配收入的提高，其对物质和精神生活的需求也在不断增加。国家统计局发布的数据显示，2019年，中国居民的人均可支配收入为30733元，扣除价格因素，较上年实际增

---

① 赵长茂. 推动经济高质量发展要统筹好质量和速度的关系 ［N］. 学习时报，2023 - 04 - 26 （A1）.

② 石奇. 高质量发展：问题、辨识与路径 ［M］. 南京：江苏人民出版社，2022.

长了 5.8%。其中，服务性消费占比为 45.9%，较上年提高了 1.7%。这意味着居民的消费结构正逐渐转向中高级消费，不再仅限于基本生活需求。从中国的恩格尔系数来看，2019 年的恩格尔系数为 28.2%，已经达到了联合国划分的 20%~30% 的富足标准。恩格尔系数是指人们花费在食物中的支出占总支出的比例。降低的恩格尔系数意味着人们在食物上的支出减少，相对地将更多的支出用于衣、食、住、行等其他方面的消费。

2019 年，我国人均 GDP 首破 10000 美元，依据国际发展经验，人均 GDP 达到 8000 美元后，消费者开始追求品质生活。麦肯锡 2020 年中国消费者调研报告显示，中国消费者健康生活的理念持续加强，消费时更加注重品质和服务等方面。在精神消费方面，消费者除了关注健康、家庭和体验等品质生活外，更加注重民主法治、公平正义等方面，追求自由而全面的发展。但仍需看到，虽然人均收入较以前有很大提高，但是仍有收入得不到保障、贫富差距不断增大等现象发生，与社会主义的生产目的相背离。依据 2019 年人民网在两会前对"民众期待什么？"的调查显示，正风反腐、依法治国、社会保障、教育改革和健康中国等分别位列热点话题前五。此外，新增了"互联网＋政务服务"的候选热词，位列第六。随着改革的深入，"医疗改革""住房制度"以及"生态环保"等热词开始降温。

第二，不平衡、不充分的发展亟待解决。相较于人民日益增长的美好生活需要，社会供给结构的相对落后主要体现在以下两个方面：一是产业结构方面。从服务业来看，2019 年服务业增加值占 GDP 比重为 53.9%，与发达国家 70% 左右的占比相比仍存在一定差距。我国现有的服务业水平无论从量还是质都不能充分满足人民对生活品质以及差异化等方面的追求。从制造业来看，我国虽然是世界第一制造大国，但不是制造强国。相对于人民对品质以及个性化的追求，低端产品和产能难以满足现实需要。相较于本土品牌，国际品牌依然占据高端产品的主导地位。近年来大量的中国消费者更愿意出境购买高质低价的外国产品，进一步加剧了本土产品和产能的严重过剩。同时，中国在部分关键设备和核心部件上过度依赖进口，难免会受制于人。从农业来看，我国结构性矛盾凸显。例如，在小麦和稻谷方面存在"量的充足"和"质的短缺"：虽然两者的总产量充足，但优质强筋小麦和粳稻不足；在大豆方面存在"量的不足"和"质的短缺"：大豆对外依存度较大，价格、出油率等方面与国外产品相比缺乏优势。此外，"谷贱伤农"与"米贵伤民"的矛盾时而交替出现。二是区域结构方面。一方面，城乡的二元结构导致了城乡居民的人均可支配收入差距拉大，可支配收入的不同造成了消费结构的差异；另一方面，我国区域之间的发展、风俗习惯等存在较大差距也必然导致不同的消费偏好，且还存在资源浪费、环境污染、生态受到威胁等这些在经济发展中出现的新问题。

新社会主要矛盾的提出，正是基于上述在经济发展中出现的新问题。这些情况与社会主义的生产目的相背离，要求我们重新审视经济发展的质量要求，找出经济发展质量的影响因素并探寻经济高质量发展的路径。

3. 目前中国正处于转变发展方式、优化经济结构以及转换增长动力攻关期。从发展方式的角度来看，过去为了赶超发达国家，中国采用了增加生产要素投入和消耗资源环境等粗放型的增长方式，以促进经济的快速增长。自1995 年党的十四届五中全会提出了从粗放型向集约型经济增长方式的转变，到 2007 年党的十七大明确将经济增长方式改为转变经济发展方式，我国经济增长所涉及的范围变得更为广泛。这一转变意味着我们开始注重在经济发展中考虑生态环境的保护和资源的合理利用，以实现可持续发展。近年来，我国主动降低了 GDP 的增长速度，从 2007 年较上年最高的 14.23% 下降为 2019 年的 6.1%，采用区间调控的方式将经济增长速度稳定在 6% ~7% 区间的水平，为我国高质量的发展提供了一定的上升空间。在响鼓重锤攻关期，高质量发展是经济发展方式实现从依赖物质资源投入的粗放型增长方式向注重知识技术的创新驱动型增长转变、从传统制造业向战略性新兴产业的转变、从高污染向绿色循环低碳型经济转变的必然要求。

从经济结构来看，虽然我国已经是世界第二大经济体，但仍呈现中低端的产业结构，主要表现为：第一，农业现代化程度相对较低，传统农业的生产方式并未根本改变。虽然我国在农业科技领域在部分领域已经达到了国际先进水平，但整体与发达国家相比还存在 10~15 年的差距。在一些农村地区，农机产品设备老旧，农业生产存在一些结构性矛盾，需要加大力度推进农业现代化，提高农业生产效率和质量。此外，我国农民呈老龄化和教育水平较低的特点，原因之一在于农业的比较收益低，因此，受过良好教育的青年农民从事农耕的机会成本较高，所以大多数优秀的农村青年选择去城市工作。老龄化及受教育程度较低等因素导致了部分农技和农技推广的困难。从客观条件来看，虽然我国国土面积广，但高原和丘陵地带较多，加之水体和土地部分遭受污染以及 14 亿人口的基数等因素，耕地数量相对有限，农业发展承压较大。第二，传统制造业占比较高，比较优势逐渐降低。随着生产要素的价格上升，我国早期发展劳动成本较低的纺织、服装等具有比较优势的产业，如今单纯靠拼成本和渠道已经没有很强的优势。此外，高能耗高污染行业仍占一定比重，对资源环境造成一定压力。第三，现代服务业占比较低，与发达国家相比仍有一定差距。随着经济的发展以及脱贫攻坚的实现，能够满足发展和享受的中高端消费将成为消费主流。战略性新兴服务业、科技服务业仍有很大的发展空间。在经济结构转型的攻关期，在此基础上提出的高质量发展是从传统农业向现代化农业的转变、从中低端价值链的"中国制造"向高价值链、高技术水平"中国智造"的转变、从传统服务业向现代服务业转变的必然要求。

从增长动力来看，我国进入中等收入阶段后，随着目标发展的多元化，中高速发展将成为新常态。如何保持经济稳中有进的增长，寻求新的增长动力势在必行。

4. 世界处于百年未有之大变局。随着新兴经济体和发展中国家的快速发展，百年来由西方主导的国际政治情况正发生改变，总体呈现出"东升西降"的格局。单边主义和贸易保护主义抬头，逆经济全球化等因素增多，各种关系错综复杂。此外，科学技术日新月异，人工智能、虚拟现实、量子科技以及其他领域呈激烈竞争态势。在不确定因素增多以及竞争加剧的国际环境背景下，我国正处在转变发展方式、优化经济结构以及转换增长动力的攻关期，推动高质量发展任重道远又势在必行。

以史为鉴，可以知兴替。与世界发达国家相比，中国无论是经济发展阶段还是在资源禀赋等方面都存在差异。发达国家通过暴力掠夺等方式获得了丰厚的物质基础，之后又经历了数百年的创新发展才取得了今天的成绩。如果说全球政治经济格局的不确定性以及竞争加剧的国际环境是我国提出高质量发展的外在因素，那么新时代我国面临的重大问题则是提出高质量发展的内在要求。在充满不确定因素和激烈竞争的今天，高质量发展尤为重要。

三、高质量发展是全面建设社会主义现代化国家的首要任务

党的二十大报告中指出，高质量发展是全面建设社会主义现代化国家的首要任务。这一判断是在充分分析我国发展的新历史条件和阶段、全面认知

和把握我国现代化建设实践历程以及各国现代化建设普遍规律的基础上做出的，具有全局性、长远性和战略性意义。这一重要判断可以从以下四个方面进行阐述。

第一，高质量发展是全面建设社会主义现代化国家的基石。自改革开放以来，我们坚持以经济发展为核心，并取得了显著的成就。但作为发展中大国，我们仍处在社会主义初级阶段，与发达国家存在一定差距。只有当经济持续增长，效益不断提高时，我们才能为各项事业的发展提供坚实的物质基础，助力全面建成社会主义现代化强国，确保我们在各个领域取得更好的成绩。

第二，高质量发展被视为实现社会主义现代化国家的基本路径，体现了新发展理念的核心。目前我国的经济发展面临一系列问题和挑战，主要表现在高质量发展方面存在许多障碍。这些问题包括科技创新水平相对滞后、供应体系质量有待提高、资源使用效率亟须提高，以及绿色生产与生活方式仍未普及等。同时，全球范围内新一轮科技革命和产业变革正在深入发展，彻底改变了全球产业格局和分工。如果我们不能迅速建立以创新为驱动、资源节约高效、绿色低碳为特点的高质量发展模式，那么我们面临的经济矛盾和问题不断积累，从而影响经济健康持续发展和现代化建设的顺利进行。为此，我们需要优化生产方式，提高全要素生产率，不断培育新的发展动能和竞争优势，以确保中国特色现代化建设能够顺利持续推进。

第三，高质量发展是确保现代化建设能不断满足人民对美好生活需要的根本支撑。发展的最终目标在于让人民过上美好生活。自中华人民共和国成立以来，我国人民的生活水平已经实现了历史性的飞跃，实现了人民生活从解决温饱到全面建成小康社会的历史性跨越。然而，需要意识到的是，我国人民的生活质量仍有进一步提升的空间，在就业、教育、医疗、托育、养老、住房等方面面临着各种挑战。与此同时，人民对美好生活的需求不断扩大，不仅包括物质和文化生活方面的需求，还包括对民主、法治、公平、正义、安全、环境等方面的日益增长的期望。我们需要推动经济发展，使投资有回报、企业有盈利、员工有收入、政府有税收、环境有改善的高质量模式成为现实。此外，我们还需要完善分配制度，促进高质量的充分就业，不断提高人民的生活质量，促进物质和人的全面丰富，推动全体人民实现共同富裕迈出更为显著的实质性步伐。

第四，高质量发展是推动现代化建设行稳致远的重要保障。高质量发展是以安全为前提的发展。当前的全球局势并不太平，逆全球化思潮逐渐升温，各地局部冲突和动荡不断，全球粮食、能源、资源以及产业链和供应链等安全问题日益凸显。身为发展中大国，我们需要有效预防各类潜在的风险和挑战，以维护国家安全。我们必须统筹考虑发展与安全之间的关系，推动实现高质量发展，确保在重要产业、基础设施、战略资源和关键科技领域实现安全可控。同时，我们需要完善应对和化解重大风险的体制和政策，坚定捍卫国家安全底线，以确保现代化进程不会因为错失机遇或中断而受到阻碍。我们的目标是坚定维护世界和平与发展，通过我们自身的发展来更好地为世界和平与发展作出贡献。

四、高质量发展是体现新发展理念的发展

高质量发展不仅仅是经济发展上的要求，更是涉及经济社会各个方面的总体要求。为了推进高质量发展，必须加强前瞻性思考、全局性谋划和战略性布局，全面推进各项工作，形成发展的合力，夯实发展的基础。

坚持不懈是推动高质量发展的关键。在新的发展征程中，必然会面临全新的问题、情况和挑战。因此，我们需要通过统一思想、统一意志和统一行动，以新的发展理念为指导，在深化改革开放中寻找动力并解决问题。高质量发展是一场既要攻坚又要持久的战斗，无法在短时间内实现。必须始终坚持并不断努力奋斗。我们需要保持恒心和耐心，持续努力，接续奋斗，坚定不移地推进高质量发展，直到实现我们的目标。

高质量发展不仅仅是概念的提升，更需要以更加开阔的视野和更高的立场审视并规划新发展阶段的任务。在实施过程中，重视"适合本地区实际"这一前提至关重要。各地区在资源、产业、生态等方面都存在差异，因此，必须结合实际情况，务实求真，科学决策，因地制宜，善于发挥长处，弥补短板，打造具有自身特色的发展模式。我们应深入分析本地区的优势和不足，为整体发展增添亮色。

全面、准确、全面贯彻落实新发展理念，关键在于科学认识和把握，认真、定期落实一系列决策部署。加快建设现代经济体系，服务和融入新发展方式，必须取得更大成绩。这不仅是福建省面临的考验，也是全国各地面临的共同挑战。一旦找到了正确的发展道路，我们就必须坚定不移地勇敢前进，勇于承担风险。只有这样，我们才能在高质量发展的道路上走得好、走得稳、走得远。

第三章

新发展理念下民营经济
高质量发展指标体系构建

　　新时代赋予了民营经济高质量发展的新任务以及推进高质量发展的新指引，其中，指标体系是推进民营经济高质量发展的关键。2020年9月，中共中央办公厅印发的《关于加强新时代民营经济统战工作的意见》提出，要"加强民营经济统计和监测分析"。2020年11月，国家发展改革委提出应"构建民营经济运行监测评估的指标体系"。民营经济是我国经济高质量发展的特色和优势，在经济总量中"三分天下有其二"。因此，构建民营经济高质量发展指标体系具有重要意义。指标体系的构建是民营经济高质量发展的重要保障。通过构建科学合理的指标体系，有助于全面掌握民营经济发展状态，准确把握民营经济高质量发展情况，为进一步优化政策、指导企业经营和决策提供参考依据。民营经济是国民经济的重要组成部分。通过构建民营经济高质量发展指标体系，可以对民营企业进行评估和排名，激发企业竞争意识和发展动力，推动企业共同提高经济效益、增加就业和促进社会进步。新发展理念要求高质量发展的同时，更注重国内国际双循环，加快数字化、智能化、绿色化、服务化转型，这也要求民营企业要具有更高的发展质量。合理的指标体系建设为实现新发展理念提供了制度保障。因此，"十四五"时期如何在新发展理念引领下构建民营经济高质量发展指标体系，以统计和监测推动民营经济高质量发展，是学界、业界和政府部门亟须研究的重要课题，也是本章研究目的和意义所在。

本章首先对我国民营经济高质量发展相关研究进行回顾，通过文献计量分析对该主题研究的趋势和热点问题进行梳理和归纳；其次对我国经济高质量发展水平测度以及我国民营经济高质量发展水平测度相关研究进行回顾，通过借鉴新发展理念下我国经济高质量发展指标体系相关研究，为我国民营经济高质量发展指标体系构建提供理论和实践基础；再次基于已有研究构建新发展理念下我国民营经济高质量发展指标体系，并以福建省数据为例进行水平测度；最后基于新发展理念下福建省民营经济高质量发展路径提出对策建议。

第一节　我国民营经济高质量发展研究综述

为全面梳理我国民营经济高质量发展研究现状和脉络，并分析该主题未来研究趋势和动态演进过程，本书以现有相关文献开展可视化分析。本书选取中国知网（CNKI）的核心期刊和中文社会科学引文索引（CSSCI）为源期刊数据库，以"民营经济高质量发展"为主题词，选择"经济与管理科学"学科。为确保数据与研究主题的匹配度，逐篇阅读导出文献的题目、摘要及关键词等，人工筛查并剔除与本书研究内容相关性不高、信息不全或重复性文献，最终得到中文文献70篇。

一、民营经济高质量发展文献时间分布

研究文献的数量是衡量某一领域知识发展的重要指标之一，该领域文献年度发文量可反映其理论进展水平和研究热度（李新根等，2022）。通过对现有我国民营经济高质量发展相关文献的年代分布（见图3-1）发现，这一领域的发文数量整体呈现逐年增长态势。具体而言，根据年度发文量趋势图，可将研究时段划分为两个阶段：一是2018~2020年。自2017党的十九大报告首次提出高质量发展的表述，民营经济作为我国经济高质量发展的重要主

体，迅速成为学者们关注的对象。2018 年，有 2 篇文章分别发表在期刊《改革》和《红旗文稿》，探讨了新时代民营经济高质量发展的难点与策略（刘现伟和文丰安，2018）以及改革开放 40 年来民营经济发展的若干问题（谢地和李梓旗，2018）。此时，民营经济高质量发展相关研究已进入起步和探索阶段。2019 年和 2020 年分别有 11 篇和 19 篇文章关注民营经济高质量发展，但发文量增速缓慢。二是 2021～2023 年，该时段相关研究发文量进入增长区间，发文量则保持稳中有进态势。值得注意的是，我国民营经济因新冠疫情影响发展受到制约，2021 年，相关主题发文量出现低值仅有 7 篇，但随着后疫情时代民营经济发展的迅速恢复，2022 年，相关研究发文量又跃升至 18 篇。本书检索时间为 2023 年 8 月 25 日，共检索到 2023 年国内相关文献 19 篇。随着 2023 年 7 月《中共中央 国务院关于促进民营经济发展壮大的意见》对民营经济发展提出了 31 条重要政策举措，民营经济高质量发展将再次成为学界和业界关注的焦点。考虑到检索时间为 2023 年 8 月，且文献录用到上传数据库正式发布存在时间间隔，2023 年度实际发文量将远超过检索数。

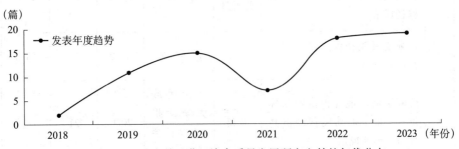

图 3－1　CNKI 有关民营经济高质量发展研究文献的年代分布

资料来源：中国知网。

表 3－1 为 CNKI 数据库民营经济高质量发展相关主题高被引排名前 10 的文献。通过分析引用频次前 10 的高质量 CSSCI 文献发现，自高质量发展理念提出至今，民营经济高质量发展一直都是学界关注的热点，其中，营商环境、创新驱动、要素流动等构成了新时代民营经济高质量发展重点关注的内容和影响因素。这些高被引文献的主题思想和实证逻辑引领着该领域的基本研究范式，在相关领域的研究发展中发挥着重要作用。

表 3 - 1　　　　　　　　　引用频次前 10 位高被引文献

序号	篇名	作者	刊名	发表年份	被引次数	下载次数
1	新时代民营经济高质量发展的难点与策略	刘现伟;文丰安	改革	2018	108	5785
2	营造民营经济高质量发展环境的若干问题及对策	童有好	经济纵横	2019	70	2470
3	论民营经济高质量发展:价值、遵循、机遇和路径	郭敬生	经济问题	2019	52	3561
4	民营经济高质量发展的营商环境问题研究	史亚洲	人文杂志	2019	46	2087
5	新冠肺炎疫情对民营经济高质量发展的影响及对策研究	王艳	管理评论	2020	40	2934
6	互联网资本与民营经济高质量发展:基于企业创新驱动路径视角	王文涛;曹丹丹	统计研究	2020	32	2640
7	增强要素流动促进民营经济高质量发展	刘戒骄	经济纵横	2019	24	1325
8	营商法治环境评价内容与标准——基于推动民营经济高质量发展的视角	袁莉	西南民族大学学报(人文社会科学版)	2020	21	1853
9	新时代推进民营经济高质量发展:问题、思路与举措	任晓猛;钱滔;潘士远;蒋海威	管理世界	2022	17	6458
10	推进民营经济高质量发展——基于浙江、贵州等七省八市的调研	张于喆	宏观经济管理	2020	15	1210

资料来源:笔者根据中国知网整理得出。

二、民营经济高质量发展研究热点

研究热点是指一定时期内发表数量较多且内容关联度较高的系列文献所关注的研究视角或研究主题（李玉刚等，2020）。分析民营经济高质量发展的影响研究热点有助于梳理该领域的关注焦点。

当前，学者们对民营经济高质量发展的研究主要涵盖以下几个方面。

（1）新时代民营经济高质量的现实困境与实现路径。随着我国经济发展由高速发展进入高质量发展阶段，民营经济作为我国经济高质量发展的生力军，对我国经济、社会、文化等变迁和发展起到了重要的推动作用（赵丽，2022），人民对美好生活的需求也对民营经济提出了更高的发展要求（郭敬生，2019）。然而，当前民营经济发展面临着诸多困境。具体而言，董志勇等（2020）认为当前我国民营经济作为非公经济在迈向高质量发展进程中遇到的机制体制障碍，包括市场准入、资源配置和公平竞争等方面仍存在诸多限制。林雪芬和陈仪（2020）则对新时代民营经济高质量发展面临的结构性冲击进行了梳理，并提出了风险防范的具体措施。赵丽（2022）进一步指出，"十四五"时期，我国民营经济高质量发展还面临着传统观念的偏见、资金短缺、成本高企、市场开拓难度大和营商环境欠佳等问题。基于这些困境，学者们也从不同角度提出了我国民营经济高质量发展的实现路径。任晓猛等（2019）基于民营经济面临的结构性、体制性和周期性问题，从效率、质量和动力三个方面提出了民营经济高质量发展的变革路径，并提出了民营经济高质量发展的阶段性、区域性和差异性发展举措和建议。张于喆（2020）根据浙江、贵州等七省八市的调研，发现民营经济发展面临着文化认知、创新能力和融资等方面的约束，推动民营经济高质量发展亟须发挥市场主导和政府引导的作用，发挥"两只手"的协同增效功能。李鲁（2019）则从长三角区域一体化视角出发，研究民营经济推动长三角一体化所需要的政策、外部环境和合作平台支持。王曙光（2019）对于民营经济的发展动力进行了梳理，认为新时代我国民营经济应通过开展产权保护、公平竞争、发挥企业家精神等助力民营经济实现自身时代使命，实现高质量可持续发展。王文举和陈真玲（2020）从制度创新和环境重构两个方面提出了民营经济健康发展的具体路径。冯留建（2021）基于中国共产党的百年发展史，回顾了新民主主义革命时期、社会主义革命和建设时期、改革开放和社会主义现代化建设时期以及中国特色社会主义新时代背景下中国共产党领导下的民营经济改革历史历程。通过回溯历史，对进一步推动民营经济高质量发展的启示进行了系统总结和归纳。

（2）民营经济高质量发展的影响因素。民营经济高质量发展受到一系列条件的制约，现有文献从不同维度探讨了影响民营经济高质量发展的因素。其中，融资约束是制约民营企业健康发展的首要因素。基于此，学者们从数字金融、金融改革、互联网资本等不同维度展开了相关探讨。张志元和马永凡（2022）以设立金融综合改革实验区为外部冲击，实证检验金融改革与民营企业高质量发展的关系，结果表明金融改革通过完善金融供给的质和量两个方面显著推动了民营企业高质量发展。庞加兰等（2023）对 2011～2018 年北京大学数字普惠金融指数与民营上市公司的数据进行了实证分析，探讨了我国数字普惠金融如何促进民营经济高质量发展。研究结果表明，数字普惠金融可通过缓解融资约束，为民营企业高质量发展提供有力支持。郑金辉等（2023）以 2011～2019 年长三角 41 个城市数据为基础，深入研究了数字金融与民营经济高质量发展之间的关系。研究表明，数字金融可通过激发企业家创新和创业精神，进一步推动了民营企业高质量发展。此外，王文涛和曹丹丹（2020）从创新驱动的角度出发，研究了在互联网与实体经济深度融合背景下互联网资本对民营经济高质量发展。他们认为良好的制度环境可提升民营企业创新能力。此外，学者们还关注了营商环境、新冠疫情、企业家精神和经济政策不确定性等对民营经济高质量发展的影响。具体而言，史亚洲（2019）认为营商环境涵盖了民营经济健康发展进程中所需的法治、市场、社会人文以及行政管理环境，应通过创建包容的人文环境、建设服务型政府、扩大对外开放、营造竞争有序的市场环境、完善科技创新体制等助力民营经济高质量发展。王艳（2020）通过问卷调查数据，分析了新冠疫情对中小民营制造企业的发展产生的影响，并提出恢复健康发展具体路径。高志刚等（2023）研究了企业家精神对民营企业发展的影响，发现无论在宏观还是微观维度，企业家精神均能推动经济高质量发展，该促进作用在机制更为灵活的民营企业中较为显著。李雄飞（2023）探讨了经济政策不确定性与民营企业高质量发展的关系。研究表明，经济政策不确定性将显著抑制民营企业高质量发展，且该作用在规模较小的民营企业中更为显著，良好的内部控制将缓解两者间的负相关关系。

（3）民营经济高质量发展的经济后果。一方面，民营经济不仅深刻影响着我国经济高质量发展，还对不同产业和区域的发展发挥着其不可忽视的作用。李春梅（2021）以山西省高质量发展为例，探讨了文旅产业中民营经济发展对劳动对象多样化、劳动能力提升等的影响，进而促进人的全面发展。李鲁（2019）以长三角一体化发展战略为背景，从资源配置、制度供给和政策衔接等方面探讨了民营经济推动长三角地区一体化的发展历程与互动机制。另一方面，民营经济在推动共同富裕中还扮演着重要角色。周文和司婧雯（2022）认为，在中国迈向第二个百年奋斗目标的过程中，民营经济是助力实现共同富裕的重要抓手，应通过制度保障和价值引领，为民营经济健康发展并推动共同富裕提供支持条件。杨小勇和闫慧慧（2023）基于马克思主义政治经济学原理，对新时代民营经济发展与共同富裕的互动进行了深入研究，并指出当前投资和消费对促进民营经济发展作用有限，应不断创造民营经济推动共同富裕的互动条件，实现彼此良性互动。

（4）民营经济高质量发展评价指标体系的构建。当前，实现高质量发展有许多重要内容，当务之急是构建高质量发展评判体系（师博和任保平，2018）。郑黎明（2019）基于新时代"两个健康"先行区建设，创建了温州市民营经济健康发展评价指标体系。张娟娟等（2019）对民营经济评价指标体系进行了初步探索并开展实证分析。蒋毅（2020）提出，"民营经济运行监测评估已纳入国家高质量发展绩效评价体系"。沃伟东（2020）提出应建立科学完善的民营经济统计指标体系。

综上所述，民营经济高质量发展已成为学者们关注的热点话题，已有文献为民营经济高质量发展研究提供了一定理论和实证基础。然而，只有部分学者关注民营经济高质量发展水平的测度，更鲜有研究聚焦新发展理念下民营经济高质量发展指标体系的构建和应用问题。以考核推动发展，是贯彻新发展理念、把高质量发展落到实处的一项创新举措。因此，有必要以新发展理念为指引，构建民营经济高质量发展指标体系，这不仅有利于加快推进我国民营经济高质量发展统计监测和评价，而且相关指标和测度结果可作为政府相关部门决策参考。

第二节 我国经济高质量发展指标体系相关研究

尽管民营经济已成为我国经济高质量发展的生力军，但当前有关民营经济高质量发展水平的测度研究尚处于起步阶段，而现有研究针对我国经济高质量发展水平测度已形成了系列成果，并提供了较为丰富的指标体系构建研究基础。因此，本书将借鉴我国经济高质量发展指标体系构建思路和方法，为新发展理念下民营经济高质量发展指标体系构建提供借鉴。

为综合梳理我国经济高质量发展水平测度研究现状和脉络，本书选取中国知网的 CSSCI 源期刊数据库中以"经济高质量发展"并含"指标体系""经济高质量发展"并含"测度"以及"经济高质量发展"并含"水平"为篇名的文章，逐篇阅读导出文献的题目、摘要及关键词等，人工筛查并剔除与本书研究内容相关性不高、信息不全或重复性文献，最终得到中文文献105 篇。通过对 105 篇相关文献的研究主题可视化分析（如图 3 - 2 所示）可知，当前有关我国经济高质量发展指标体系构建文献的研究主题包括高质量发展、区域差异、县域经济、测度与分析等。

具体来看，我国现有经济高质量发展指标体系相关研究主要从以下几个方面展开研究。

（1）区域经济高质量发展指标体系构建及测度。区域经济的高质量发展是国家实现高质量发展的基石和重要组成部分，需要建立高水平的市场经济体制、现代化的产业体系、区域间的协调发展以及对外开放等多个方面共同推进。由于我国地域辽阔省份较多，各地在人口、经济、基础设施、科技创新等方面存在较大差异，因此实现区域经济的协调、持续、高质量发展对于国家高质量发展和中国式现代化的同步推进至关重要。目前，研究主要聚焦于构建指标体系和测度方法，以探索区域经济高质量发展的路径和模式。

师博和任保平（2018）以及任保显（2020）基于省域视角，对我国经济高质量发展水平进行测度，并提出了高质量发展实现路径。王蔷等（2021）基于县域视角，从产业升级、要素激活、城乡融合、制度创新四个方面构建指标体系并测度县域经济高质量发展水平。此外，现有研究还基于

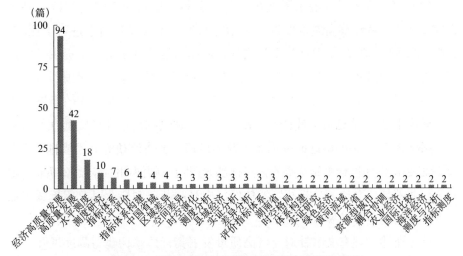

图 3 - 2　我国经济高质量发展指标体系研究主题

资料来源:通过分析中国知网(CNKI)的 CSSCI 源期刊数据库中的资料自制。

我国八大经济发展区域,综合运用变异系数法、地理探测器等方法(王亚男和唐晓彬,2022),并用熵权耦合协调度、等级相关系数等度量地区经济发展的协调性与各项排名的一致性(魏艳华等,2023),从不同维度构建了中国经济高质量发展指标体系并开展测度。部分学者还以长三角地区为研究对象,开展相应经济高质量发展水平测度研究(冯晓华和邱思远,2022;黎文勇,2022)。

(2)行业经济高质量发展指标体系构建及测度。现有研究还从行业差异性研究了经济高质量发展指标并对相关行业经济高质量发展水平进行了测度。师博和韩雪莹(2020)基于我国制造业,从实体经济发展的基本面和社会生态成果两个层面构建指标体系,对我国 2004~2017 年实体经济的高质量发展水平进行评价并作趋势预测。基于新发展理念,张建伟等(2021)提出了构建农业经济动力机制、农业经济结构优化、农业经济系统稳定、农业经济绿色发展、农业经济福利共享 5 个维度构建 27 个具体指标,对我国农业经济高质量发展水平进行测度和评价。王银银(2021)从创新、协调、绿色、开放、共享五个维度对海洋经济高质量发展进行理论分析,由此构建指标体系,对我国海洋经济高质量发展进行评价并分析。孙晓等(2021)采用熵值法、变异系数、泰尔指数法从创新、协调、绿色、开放、共享五个方面对中国旅游经济高质量区域差异进行了测度和分析。

（3）经济高质量发展水平差异比较与分析。史丹和李鹏（2019）基于新发展理念，就经济高质量发展相关指标与世界主要发达国家进行了比较，分析了我国经济高质量发展的不足之处，从而为推动高质量发展提供经验借鉴。胡晨沛和吕政（2020）也基于经济实力和新发展理念，构建国别可比的经济高质量发展指标体系，对 2000～2017 年全球 35 个主要国家的经济高质量发展水平进行测度。邓创和曹子雯（2022）通过构建经济高质量发展水平评价指标体系，根据 Dagum 基尼系数及随机核密度估计对基于区域的经济高质量发展水平不平衡性及异质分化特征展开分析。师博和韩雪莹（2020）则基于行业差异，对比和分析我国实体经济中高端装备制造业以及传统资源加工型产业的高质量发展水平。

综上所述，现有文献针对经济高质量发展指标体系构建与测度展开了丰富的讨论，且多数研究基于新发展理念对经济高质量发展水平评价构建具体指标，这为本章节基于新发展理念下对民营经济高质量发展水平评价构建指标体系并测算提供了理论和实证基础。然而，现有研究从区域、行业等不同维度展开了经济高质量发展指标体系构建和评价，却鲜有学者结合民营经济的发展特点和实际情况展开相应研究，并从创新、协调、绿色、开放、共享五个方面具体展开指标体系构建和进行实证测度。因此，有必要通过借鉴现有较为丰富的有关新发展理念下我国经济高质量发展的指标体系相关研究，为新发展理念下我国民营经济高质量发展指标体系的构建提供理论和实践基础。在此基础上，以福建省为例，结合福建省民营经济发展的特点，对新发展理念下福建省民营经济高质量发展的统计监测进行指标体系构建和测度。

第三节　新发展理念下我国经济高质量发展指标体系构建经验借鉴

一、新发展理念下我国经济高质量发展指标体系构建借鉴

党的十八届五中全会提出的创新、协调、绿色、开放、共享的新发展理念，引导我国经济发展取得了历史性成就、发生了历史性变革。新发展理念

描绘了高质量发展的特征，是评价经济高质量发展的理论依据。

　　根据上述分析可知，现有文献大多基于新发展理念，通过构建指标体系对我国经济高质量发展水平进行测度，鲜有基于我国民营经济高质量发展以新发展理念为指导，构建指标体系并测度。因此，本书首先将借鉴已有文献构建新发展理念下我国经济高质量发展指标体系，并以福建省为例进行统计测度；其次，结合我国民营经济高质量发展特点，以福建省为例，构建新发展理念下民营经济高质量发展指标体系并进行测度；最后，基于新发展理念下福建省经济高质量发展和民营经济高质量水平进行比较分析。

　　本书第二章已经对新发展理念和高质量发展的内涵进行了较为全面的论述，基于上述的理论基础，本章借鉴孙豪等（2020）、程晶晶和夏永祥（2021）的做法，以新发展理念下经济高质量发展为一级指标，并构建创新、协调、绿色、开放、共享 5 个二级指标和 18 个详细三级指标，指标明细详见表 3 - 2。

表 3 - 2　　　　　　新发展理念下我国经济高质量发展指标体系

一级指标	二级指标	三级指标	指标说明	指标属性
新发展理念下经济高质量发展	创新	GDP 增长率	地区 GDP 增长率	正向
		研发投入强度	规模以上工业企业 R&D 经费占地区 GDP 比值	正向
		投资效率	增量资本产出率（ICOR）= 投资率占地区 GDP 增长率比值	负向
		技术交易活跃度	技术交易成交额占地区 GDP 比值	正向
	协调	需求结构	社会消费品零售总额占地区 GDP 比值	正向
		城乡结构	城镇化率	正向
		产业结构	第三产业占地区 GDP 比重的提高	正向
		政府债务负担	政府债务余额占地区 GDP 比值	负向
		能源消费弹性系数	能源消费增长率占地区生产总值增长率比值	负向
		单位产出的废水	废水排放总量占地区 GDP 比值	负向
		单位产出的废气	二氧化硫排放量占地区 GDP 比值	负向

续表

一级指标	二级指标	三级指标	指标说明	指标属性
新发展理念下经济高质量发展	开放	对外贸易依存度	进出口总额占地区 GDP 比值	正向
		外商投资比重	实际利用外商投资占地区 GDP 比值	正向
		市场化程度	地区市场化指数	正向
	共享	劳动者报酬比重	劳动者报酬占地区 GDP 比值	正向
		居民收入增长弹性	居民人均可支配收入增长率占地区 GDP 增长率的比值	正向
		城乡消费差距	城镇居民人均消费支出占农村居民人均消费支出的比值	负向
		民生性财政支出比重	地方财政教育支出医疗卫生支出、住房保障支出、社会保障和就业支出占地方财政预算支出的比值	正向

资料来源：笔者自制。

二、评价方法和数据来源

本书采用熵权法确定指标权重，以福建省为例，对新发展理念下福建省2017～2021年经济高质量发展水平进行测度。相关数据来自《福建统计年鉴》《福建社会与科技统计年鉴》《福建环境统计年鉴》等。

三、新发展理念下我国经济高质量发展水平测算——以福建省为例

表3－3为2017～2021年福建省经济高质量发展水平测度结果。具体而言，新发展理念下福建省高质量发展水平不断提升，总体增长趋势较为平稳。经济高质量发展水平综合指数从2017年的2.05增长到2021年的2.17，累计提升0.12，增幅达5.6%。从二级指标来看，五大指标中的创新、绿色和开放水平呈现逐年攀升状态，协调和共享水平表现稳定有待进一步发展和提升。具体而言，2017～2021年，福建省经济创新水平指数从0.44提升至0.47，累计提升0.03，增幅达6.8%；福建省绿色水平指数从0.11提升至

0.14，累计提升 0.03，增幅达 27.3%；开放水平从 0.41 提升至 0.46，累计提升 0.05，增幅达 12.2%；协调水平指数从 2017 年的 0.39 上升至 2018 年的 0.40，此后 4 年保持不变；共享水平指数从 0.70 上升至 0.71 后回落至 0.70，在波动中保持稳定状态。从二级指标来看，发展水平排序依次为共享、创新、开放、协调和绿色。由此可以看出，"绿色"是福建省经济高质量发展中较为薄弱的部分，"共享"和"创新"是对福建经济高质量发展贡献较高的指标。

表 3-3　　　　新发展理念下福建经济高质量发展水平测度结果

指标维度	指标名称	2017 年	2018 年	2019 年	2020 年	2021 年
综合指数	高质量发展	2.05	2.11	2.12	2.12	2.17
二级指标	创新水平	0.44	0.45	0.47	0.47	0.47
	协调水平	0.39	0.40	0.40	0.40	0.40
	绿色水平	0.11	0.12	0.12	0.13	0.14
	开放水平	0.41	0.43	0.42	0.42	0.46
	共享水平	0.70	0.71	0.71	0.70	0.70

第四节　新发展理念下我国民营经济高质量发展指标体系构建及测度——以福建省为例

在国家推进高质量发展的新时期，聚焦具有中国特色的民营经济，并以民营经济为主要增长点的福建省作为具体分析对象，构建既充分与国家要求对标对表，又结合福建地方特色的民营经济高质量发展指标体系并测算，这是对现有研究成果的丰富、补充和发展，也在一定程度上为我国其他省份民营经济高质量发展提供借鉴和参考。

一、福建省民营企业高质量发展现状

2023 年 9 月 19 日，福建省工商联发布了 2023 福建省民营企业百强榜单，其中，全省 601 家民营企业参与规上民营企业调研。本次百强榜单显

示，2023 年福建省民营企业 100 强入围门槛达 49.3 亿元，相比 2022 年增加 6.3 亿元。宁德时代新能源科技股份有限公司位居 2023 福建省民营企业 100 强、制造业民营企业 100 强、创新型民营企业 100 强榜首，永辉超市股份有限公司位居服务业民营企业 100 强榜首。

2023 年福建省民营企业 100 强表现出以下发展特点①。

（1）创新驱动高质量发展。2023 福建省民营企业 100 强年度研发经费总额为 394.3 亿元，比 2022 年增加 125 亿元，同比增幅达 46.4%。榜单前十的企业研发总投入达到 266.3 亿元，比 2022 年增加 114.7 亿元，同比增幅达 75.7%。同时，入围 100 前的民营企业研发人力资源不断丰富，研发人员达到 41277 人/年，比 2022 年增加 3379 人，同比增长 8.2%。

（2）福夏泉成为高质量发展领头羊。同时，福建省民营经济高质量发展出现明显的地区集聚现象，福州、厦门、泉州以 33 家、32 家和 17 家成为 100 强企业入围最多的三座城市。值得注意的是，宁德市由于宁德时代的能源巨头的辐射作用，也以 4 家企业入围位列全省入围 100 强企业排名第四的城市。

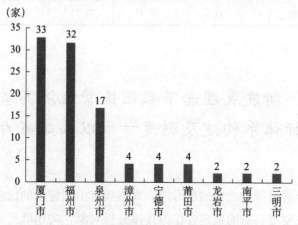

图 3 - 3 2023 年福建省民营企业 100 强区域分布情况

资料来源：闽商传媒．刚刚！2023 福建省民营企业 100 强发布！第一名是这家企业 [EB/OL]．[2023 - 09 - 19]．https://mp.weixin.qq.com/s/iF6iOT7rh9mtR983hQphPg.

（3）新兴产业引领高质量发展。入围 100 强的企业中有 54 家的业务涵盖新一代信息技术、高端装备制造、新材料、新能源、节能环保、生物与新

---

① 资料来源：《2023 福建民营企业 100 强调研分析报告》。

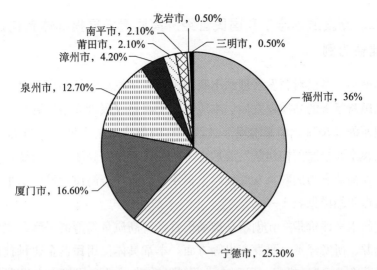

图 3 - 4　2023 年福建省民营企业 100 强营业收入总额地区分布情况

资料来源：闽商传媒．刚刚！2023 福建省民营企业 100 强发布！第一名是这家企业［EB/OL］．［2023 - 09 - 19］．https：//mp. weixin. qq. com/s/iF6i0T7rh9mtR983hQphPg.

医药、海洋高新等新兴产业。上述 54 家新兴产业民营企业的总营业收入达 11458. 2 亿元，平均营业收入为 212. 2 亿元，同比增长 33. 4%，增幅高于 100 强企业平均营业收入 17. 7%，总体呈现引领高质量发展态势。

（4）国际化步伐加快，社会贡献更显著。2023 年，福建省民营企业百强持续加大国际化步伐，在经营规模、人力资源、研发投入、海外投资等方面持续发力，不断提升开放发展水平。具体而言，2023 年，100 强企业境外营业收入总额达 1 523. 1 亿元，境外员工人数为 17822 人，境外研发费用为 9742 万元。其中，企业境外分支机构所涉国际和地区数量达 102 个，海外投资项目总额达 412 项，户均 6. 4 项。

同时，2023 年，福建民营企业在推进高质量发展的进程中不断回馈社会，稳步提升共享发展水平。就税收表现而言，100 强纳税总额达 668 亿元，占 2022 年全省重点税源税收收入的 16%，其中，有 8 家企业纳税额超过 20 亿元。在推动社会就业方面，入围百强榜的企业员工总数为 89 万人，比 2022 年增加 5. 51 万人，占 2022 年福建省城镇新增就业人数的 10. 6%。

此外，100 强民营企业在国家区域发展战略、乡村振兴战略以及"双碳"目标等履行社会责任的活动中表现突出。其中，有 93 家企业参与了不同类型的社会捐赠活动。

二、新发展理念下我国民营经济高质量发展指标体系构建——以福建省为例

本书第二章已对新发展理念下我国民营经济发展特征和现状进行了具体阐述，民营经济的高质量发展，本质上在于将新发展理念落实到位。本章借鉴刘纪元等（2022）和张琳琅等（2023）的做法，基于创新、协调、绿色、开放、共享 5 个层面构建新发展理念下我国民营经济高质量发展评价指标体系，并以福建省为例对新发展理念下福建省民营经济高质量发展水平进行测度，指标明细详见表 3 - 3。

创新水平评价指标。创新是推动民营经济高质量发展的引擎，主要包括人力资源、研发经费、研发产出等方面。本章具体使用民营企业科技从业人员、民营企业 R&D 投入、民营企业发明专利申请数和规模以上民营工业企业新产品营业收入四个指标衡量，指标属性均为正向。

协调水平评价指标。对于民营企业来说，协调是推动全产业链新旧动能协调发展转型升级的关键。考虑到民营企业中高新技术企业已成为产业协调发展的主力军，本书选取规模以上民营高新技术产业增加值增长速度和规模以上民营高新技术制造企业数量两个指标衡量，指标属性均为正向。

绿色水平评价指标。绿色低碳发展主要受制于产业结构、节能技术、碳排放控制等因素，民营经济是推动绿色低碳发展的重要主体和关键力量，民营企业向绿色低碳转型的进程关系到新发展理念的贯彻落实。本书据此选取规模以上民营企业综合能源消费量的增长速度作为民营经济绿色发展的衡量指标，指标属性为负向。

开放水平评价指标。我国民营企业在发挥区位优势基础上不断融入国际市场。参考已有文献，本书以民营企业进出口总额与外贸进出口总额的比值，作为民营经济对外开放发展的衡量指标，指标属性为正向。

共享水平评价指标。共享发展理念是中国特色社会主义的本质要求，是发展行动的先导。我国民营企业近年来得到快速成长，通过成果共享拉动全产业和经济社会发展，对于福建省民营企业健康发展有着非常重要的意义。借鉴已有文献，本书以规模以上民营工业企业营收入利润率、规模以上民营工业增加值增速和规模以上民营工业企业营业收入与全省规模以上工业企业营业收入总额的比值作为衡量共享水平的指标，指标属性均为正向。

三、数据来源和测度方法

(一) 数据来源

本章所涉及的数据主要来源于 2017～2021 年《福建统计年鉴》、调查问卷，都是从福建省统计局、福建省工商联等收集的数据等。

(二) 测度方法

现有研究民营经济高质量的文献常采用熵权 TOPSIS 法和主观赋权法（AHP）对具体指标赋值从而评价整体水平。本章采用熵权 TOPSIS 法，该方法采用模型确定权重，根据原始数据所呈现的客观信息进行赋权，相较主观赋权法（AHP）可避免主观评价的偏差，因此，广泛应用于多元指标评价。本书采用熵权 TOPSIS 法确定新发展理念下福建省民营经济高质量发展水平的五个维度具体指标权重。

(三) 测度模型

本章采用熵权 TOPSIS 测度指标权重，关键在于对不同层级指标的标准化处理，由此得到各级指标相应权重。

分别采用式（3-1）和式（3-2）对正向、负向指标数据进行标准化处理：

$$X'_{ij} = \frac{X_{ij} - \min\ (X_{ij})}{\max\ (X_{ij})\ - \min\ (X_{ij})} + d \qquad (3-1)$$

$$X'_{ij} = \frac{\max\ (X_{ij})\ - X_{ij}}{\max\ (X_{ij})\ - \min\ (X_{ij})} + d \qquad (3-2)$$

其中，i 代表年份；j 代表具体指标；X_{ij} 表示各指标的原始值；X'_{ij} 表示各指标的标准化数值；$\max(X_{ij})$ 表示 X_{ij} 的最大值；$\min(X_{ij})$ 表示 X_{ij} 的最小值；d 为数据进行非负化处理后的平移距离。

采用式（3-3）对各级指标标准化后的值进行无量纲化处理：

$$X''_{ij} = \frac{X'_{ij} - m_{ij}}{M_{ij} - m_{ij}} \qquad (3-3)$$

通过式（3-4）计算各级指标的信息熵 E_j：

$$E_j = \ln\frac{1}{n}\sum_{i=1}^{n}\left[\left(X'_{ij}\Big/\sum_{i=1}^{n}X'_{ij}\right)\ln\left(X'_{ij}\Big/\sum_{i=1}^{n}X'_{ij}\right)\right] \qquad (3-4)$$

根据式（3-5）计算各级指标权重 W_j：

$$W_j = (1 - E_j) / \sum_{j=1}^{n} (1 - E_j) \qquad (3-5)$$

通过上述方法对2017～2021年福建省民营经济发展质量相关数据和指标进行测度，得到的各级别指标权重如表3-4所示。

表3-4   新发展理念下福建省民营经济高质量发展指标体系

一级指标	二级指标	三级指标	单位	指标属性	权重（%）	权重和（%）
新发展理念下福建省民营经济高质量发展	创新水平	民营企业科技从业人员/人	人	正向	9.36	36.25
		民营企业 R&D 投入	万元	正向	7.68	
		民营企业发明专利申请数	件	正向	9.54	
		规模以上民营工业企业新产品营业收入	万元	正向	9.67	
	协调水平	规模以上民营高新技术产业增加值增长速度	%	正向	20.20	20.2
		规模以上民营高新技术制造企业数量	个	正向	7.89	
	绿色水平	规模以上民营工业企业综合能源消费量增速	%	负向	7.86	7.86
	开放水平	民营企业进出口与外贸进出口总额的比值	%	正向	13.35	13.35
	共享水平	规模以上民营工业企业营业收入利润率	%	正向	11.25	22.34
		规模以上民营工业增加值增速	%	正向	6.12	
		规模以上民营工业企业营业收入与全省规模以上工业营业收入比值	%	正向	4.97	

资料来源：张琳琅，郭文樊，栾佳蓉. 福建民营经济高质量发展实证研究［J］. 中国国情国力，2023（2）：51-58.

由表3-4可知，在新发展理念下福建省民营经济高质量发展水平测度结果中，五大理念下的高质量发展水平权重存在一定差异性。具体而言，创新水平的指标权重最高，达到36.25%；共享水平的指标权重位列其次，为22.34%；协调水平的指标权重为20.2%；开放水平和绿色水平的指标权重分别为13.35%和7.86%。上述权重数据初步表明，创新是推动福建民营经济高质量发展的第一动力，绿色转型升级是福建省民营经济高质量发展未来可提升的空间。

四、新发展理念下我国民营经济高质量发展水平测算结果——以福建省为例

表3–5为2017～2021年新发展理念下福建省民营经济高质量发展水平分指标和综合指标测算结果。

表3–5　新发展理念下福建民营经济高质量发展水平指标和综合指标测算结果

指标维度	指标名称	2017 年	2018 年	2019 年	2020 年	2021 年
综合指数	高质量发展	6.98	7.4	11.09	14.94	18.09
二级指标	创新水平	0.36	0.59	1.23	1.56	2.01
	协调水平	1.81	2.32	3.45	4.56	7.13
	绿色水平	2.40	3.21	4.67	5.67	4.89
	开放水平	0.51	0.15	0.51	0.96	1.93
	共享水平	1.90	1.97	2.03	1.19	2.13

从表3–5可知，新发展理念下福建省民营经济高质量发展水平不断提升，综合指数从2017年的6.98上升至2021年的18.09，这说明福建省民营经济高质量发展稳中有进，卓有成效。具体而言，从分指标得分来看，福建省民营经济高质量发展的表现在创新、协调、绿色、开放、共享五个方面表现各异。

第一，从创新水平来看，创新指数从2017年的0.36上升至2021年的2.01，表现出了较强的增长态势。中华全国工商业联合会发布的2021民营企业研发投入500家显示，福建有19家民营企业上榜；2021民营企业发明专利500家榜单显示，福建有27家民营企业上榜。2021年，福建省首次发布创新型民营企业100强，该榜单以企业研发投入、专利数量和市场竞争

力等为综合考量。本次上榜的 100 强创新型企业研发经费总额达 201.52 亿元，较上年增长 13.85%，累计国内有效专利 25476 项，累计国外有效专利 1389 项（江晓珍，2022）。由此可见，福建民营企业自主创新水平不断提升。

第二，从协调水平来看，协调指数从 2017 年的 1.81 跃升至 2021 年的 7.13，这表明福建省民营经济在产业协调方面得到显著改善。2021 年，福建省工业和信息化厅等七部门印发《关于支持民营企业加快改革发展与转型升级的实施方案》，该方案提出加强与产业链上下游企业协同协作，带动民营企业发展，鼓励支持国有企业、民营企业共同构建产业链协同研发体系，建立开放式创新设计和交互平台。

第三，从绿色水平来看，绿色指数从 2017 年的 2.40 稳步提升至 2021 年的 4.89，这表明福建省民营企业通过响应"双碳"计划，不断通过节能减排在绿色转型上取得了一定进展。福建省工商联对 517 家企业的社会责任调查结果显示，2018~2020 年，受调查企业中分别有 53.7%、54.3% 和 66% 的企业在排污减排等方面进行了投资，这表明福建民营企业的绿色转型实践逐年在稳步推进（林晓艳等，2022）。

第四，从开放水平来看，开放指数从 2017 年的 0.51 大幅增长至 2021 年的 1.93，尽管 2018 年有所回落，但福建省民营企业开放水平总体上升。具体而言，福建省民营企业通过不断融入全国大统一市场，积极对接长江经济带、粤港澳大湾区等，不断推进省际合作。并且，这些企业深度参与"一带一路"建设，为中国与印度尼西亚、菲律宾等国家的经贸创新发展示范园区，以及中沙（福建）产业合作区等重点园区的建设贡献力量，为国家间的经济合作与发展注入了新的活力。这些举措不仅体现了福建省民营企业的高度开放性和国际化视野，也为其在全国乃至全球范围内的发展奠定了坚实基础。

第五，从共享水平来看，共享指数从 2017 年的 1.90 上升到 2021 年的 2.13，尽管 2020 年受新冠疫情影响有所回落（1.19），但整体上福建省民营企业在产业联动中推动规模以上民营工业增加值总体向上发展，实现民营经济整体成果共享。

五、新发展理念下福建省民营经济高质量发展路径和对策建议

（1）弘扬传承晋江经验，激发福建民营经济高质量发展动力。福建民营企业创新离不开企业家的创新主体作用。福建是民营经济的发轫之地，晋江经验是福建民营经济创新发展的精神写照。晋江经验和闽商精神一脉相承，蕴含着福建实业家改革创新、求真务实、敢拼敢闯的企业家精神。晋江经验来源自福建民营企业的创业实践，更是全体福建企业家的共同精神财富。进入新时代，面对百年未有之大变局和中华民族伟大复兴战略全局，应进一步传承弘扬晋江经验，激发福建民营企业家在充满高度不确定性的后疫情时代继续发挥爱拼才会赢的创新精神，勇立潮头，顺势而为，敢于冒险，不断投身于经济高质量发展的浪潮中。

（2）打造一流营商环境，赋能福建民营企业健康发展、高质量发展。建立公平竞争的市场环境。福建省应致力于构建公平、公正、透明的市场环境，为民营企业健康高质量发展创造良好的条件。为打造一流营商环境，政府部门应优化市场机制，推动资源要素的有效配置和流动。优化市场准入机制，降低市场准入门槛，为民营企业提供更多的发展空间。推动"一窗受理、集成服务"改革，提高政府服务效率和质量，减少企业办事难度和成本；构建"亲""清"政商关系，加强与民营企业的沟通与合作，为其健康发展提供有力支持。同时，进一步简化审批程序，提高行政效能。福建省应继续深化"放管服"改革，推进"数字政府"建设，精简审批事项，压缩审批时间，推行"一网通办"，实现线上办理各类手续，不断提升民营企业办事便利度。

完善精准有效的政策环境。福建省应制定并加强支持民营企业发展的政策建设，为企业提供全方位的支持和服务。首先，制定差异化的政策，根据企业规模、行业特点和发展需求，针对性地推出相应的扶持政策。其次，加大财政扶持力度，强化金融支持，提供低息贷款、创业投资基金、税收减免等金融服务。解决民营企业融资难题，缓解企业资金压力，促进其健康发展。为了进一步提升民营企业的竞争力，福建省还应强化政策赋能，鼓励和支持民营企业在科技、创新、人才、开放和绿色发展等领域取得突破。这不

仅能够增强民营企业的发展信心，还能够为其未来的发展提供明确的预期。最后，优化创新创业环境，设立科技创新基金、科技创业园区等创新创业平台，鼓励企业加大科技创新力度，促进科技成果转化。加强人才引进和培养，提供人才支持政策，激发企业创新活力。

健全平等保护的法治环境。福建省应加强法治建设，构建健全的法律体系，为民营企业提供可预期的法治环境。首先，加强知识产权保护，完善知识产权法律法规，建立高效的知识产权纠纷解决机制，提高创新者的创新积极性，推动技术进步和产业升级。其次，加强市场监管，维护市场秩序，打击不正当竞争行为。提高市场监管的针对性和有效性，为企业提供公平竞争环境，鼓励更多创新者和创业者投身市场竞争。最后，建立健全法律援助制度，为民营企业提供法律咨询和法律援助服务，帮助企业解决法律难题和纠纷，确保企业在经营过程中的合法权益得到保护。

（3）"四链一体"协同增效，助推福建民营企业全产业高质量发展。首先，以创新链产业链融合引领高质量发展。习近平总书记强调，"要围绕产业链部署创新链、围绕创新链布局产业链，推动经济高质量发展迈出更大步伐"。[①] 因此，应基于福建电子信息和数字产业、先进装备制造业、石油化工、现代纺织服装等特色制造产业，从技术创新、成果转化和企业孵化三个维度构建创新链，整合科学家、企业家等人才要素以及资金、技术和服务等创新要素，以创新链作为产业链成果转化的载体，以产业链推动技术创新经济价值实现，形成创新链和产业链融合，协同推进民营企业创新、绿色和共享发展。其次，以资金链保障产业链创新链融合发展。金融支持是科技研发和绿色转化的催化剂，因此，应构建多层次且满足不同科创民营企业投融资和绿色转型升级需求的资金链。

（4）加大政策扶持，为福建民营经济高质量发展"推上马再送一程"。首先，积极举办民营企业创业投资大会，吸引省内外投资机构为福建省科创民营企业提供项目融资对接服务，助力其借力资本市场加大研发力度强化科技成果转化。其次，成立民营企业高质量发展专项资金，为承担福建省战略

---

① 聚力创新 激发经济新活力 [EB/OL].（2020 – 06 – 10）[2024 – 03 – 19]. https://www. gov. cn/xinwen/2020 – 06/10/content_5518516. htm.

创新、"双碳"项目的民营企业提供专项资金支持，为民营企业家推动创新和绿色发展解决资金后顾之忧。再次，加大民营企业优惠奖励力度。对于符合条件的民营企业，加大对其研发进行税收加计扣除优惠力度，为重点领域"独角兽"和"专精特新"民营企业落户福建提供相应奖励。最后，以人才链助推福建民营企业高质量发展。通过绘制"高精尖缺"人才地图和引才图谱，以厦门大学、福州大学以及中科院物构所等知名省内高校和科研院所为依托，同时，通过筑巢引凤项目和民营企业家培育工程引进和培养优秀的民营企业家，打造匠才之城，助力福建打造高水平人才与高质量发展高地。

第四章
新发展理念下民营经济高质量发展区域比较研究

第一节　新发展理念对民营经济高质量发展的要求和指引

新发展理念是中国经济发展的重要战略指导思想，它的提出为民营经济的高质量发展描绘了一幅新的蓝图。这一理念不仅是经济发展的指南针，更是中国走向全面现代化的航标。对于民营经济来说，新发展理念的引领作用不可低估，它为企业健康成长指明了方向，为民营经济全面振兴注入了强大动力。

随着时代的发展和经济格局的变化，中国经济已步入新的发展阶段，需要更加注重质量而非速度，更加注重效益而非规模，而新发展理念的提出正是为了顺应这一时代的要求。在全球经济形势不断变化的背景下，中国民营经济面临着新的机遇和挑战。如何在激烈的市场竞争中脱颖而出？如何实现高质量的跨越式发展？这些问题摆在民营企业面前，新发展理念为解决这些问题提供了全新的路径。

一、创新是推动民营经济发展的核心驱动力

新发展理念的重要方向之一是强调加强创新驱动，这一思想深刻指出了创新在企业发展中的重要性。作为民营企业，在新的发展理念下，必须深刻理解创新的核心地位，并将其融入企业的各个方面。在不断变革的市场环境下，民营企业应当切实拓展技术创新、产品创新、管理创新等多个领域，不断探索新的发展路径和商业模式。

对于民营企业而言，技术创新是至关重要的一环。信息技术、人工智能和大数据等科技进步正带来前所未有的变革。在新发展理念的引领下，民营企业应积极投入技术研发和创新，不断将先进科技成果应用于生产和经营，提高产品质量和生产效率，以满足日益多样化的市场需求。

同时，产品创新也是民营企业发展中不可或缺的一环。新发展理念要求企业不断提高产品附加值，推出具有核心竞争力的新产品。因此，民营企业必须加大对产品研发的投入，加强市场调研，深入了解消费者需求，以更好地满足市场需求，赢得更多市场份额。

此外，管理创新是民营企业实现高质量发展的关键所在。随着市场竞争日益激烈，企业必须不断提高运营效率和管理水平。新发展理念要求企业在管理上寻求创新，推动数字化转型，引入现代化管理理念和方法，提高企业决策的科学性和准确性，降低企业运营成本，增强企业抗风险能力。

新发展理念强调了创新对企业发展的核心驱动力，作为民营企业，必须深刻认识到创新的重要性。积极融入新发展理念的引领，持续加强技术创新、产品创新和管理创新，不断提升企业核心竞争力和市场竞争力。只有通过创新，民营企业才能在新时代的经济大潮中立于不败之地，实现高品质、高效益的持续发展。

二、数字化转型是民营经济绿色发展的引擎

随着全球环境问题的日益突出，绿色发展已经成为全球经济的重要议题。在这个背景下，数字化转型为民营经济提供了绿色发展的引擎。

1. 提升资源利用效率。数字化转型为民营企业提供了更多的机会来优化资源利用效率。通过数字技术的应用，企业可以实时监测和管理能源、水资源等的使用情况，从而更好地控制和减少资源浪费。根据联合国环境规划署

的数据，数字化技术的应用可以提高能源效率和资源利用效率，进而减少排放和环境污染。

2. 促进绿色生产方式。数字化转型为民营企业提供了创新和转型的机会，推动绿色生产方式的实施。通过数字技术的应用，企业可以实现生产过程的智能化和自动化，减少对环境的负面影响。例如，智能制造技术可以优化生产流程，减少废弃物和能源消耗，提高生产效率。根据世界经济论坛的报告，数字化技术的应用可以降低生产过程中的碳排放，促进低碳和循环经济的发展。

3. 推动绿色供应链管理。数字化转型可以帮助民营企业实现绿色供应链管理，从而减少环境风险和资源浪费。通过数字技术的应用，企业可以实现供应链的可追溯性和透明度，确保环境友好的原材料和产品的选择。此外，数字技术还可以帮助企业与供应商进行实时的数据交流和合作，提高供应链的效率和可持续性。根据普华永道的研究，数字化转型可以减少供应链的碳排放和能源消耗，降低环境风险。

4. 促进绿色消费和市场需求。数字化转型为民营企业提供了更好地满足绿色消费和市场需求的机会。随着消费者对环境友好产品的需求增加，数字化技术可以帮助企业更好地了解消费者的偏好和需求，提供符合绿色标准的产品和服务。根据尼尔森的调查，消费者对绿色产品的需求已经成为全球范围内的主流趋势。数字化转型可以帮助企业满足这一需求，推动绿色消费和市场的发展。

在新发展理念的引领下，通过提升资源利用效率、促进绿色生产方式、推动绿色供应链管理和满足绿色消费需求，数字化转型为民营企业创造了更多的机会和动力，推动绿色发展的实现。因此，政府和企业应积极推动数字化转型，以促进民营经济的绿色发展。

三、融入区域产业升级是民营经济协调发展的有效路径

民营经济在中国经济体系中发挥着举足轻重的作用，是经济增长的关键驱动力之一。然而，为了实现可持续的经济增长，民营经济需要在不断变化的市场环境中不断升级和发展。在这一背景下，融入区域产业升级成为实现民营经济协调发展的有效路径，这一路径不仅有助于民营企业提升竞争力，也有利于地方经济的发展。

区域产业升级是指通过优化产业结构、提升技术水平、提高附加值等手段，使一个地区的产业更具竞争力和可持续性。这有助于提高地区经济的整体质量，吸引更多资本和人才流入，为地方政府创造更多税收收入。

民营企业在实现产业升级过程中，可以积极寻求与地方政府或其他企业建立紧密的合作伙伴关系。这一策略不仅有助于分担风险，还能够共享更多的资源支持。通过合资合作，企业可以更好地应对市场波动和不确定性，共同承担项目风险，并在资源投入和市场渗透方面获得更多的优势。这种合作模式有助于形成产业链上的协同效应，促进生产效率的提升，从而推动产业向更高附加值领域迈进。

另外，民营企业还可以通过与地方的技术创新平台合作，迅速提升自身的技术水平。这种合作有助于获取最新的研发成果、专业知识和技术资源，从而为企业提供创新的动力。技术创新不仅能够助力产品与服务提质增效、降低生产成本，还能提升企业的竞争力。通过积极参与地方技术创新体系，民营企业可以不断改进现有产品或开发新产品，实现产业升级的可持续发展。

地方政府在产业升级过程中扮演着关键的角色，其中之一是引进高端人才。通过吸引有经验的专业人士和行业专家，地方政府可以为民营企业提供宝贵的专业支持。这些高端人才可以为企业提供战略指导、市场洞察力以及创新思维，从而帮助企业更好地应对市场挑战和竞争压力。此外，他们还可以加速技术转移和知识传递，有助于提高企业的创新能力和核心竞争力。通过建立与高端人才的合作网络，地方政府可以进一步促进产业升级进程，使其更具竞争力和可持续性。

总的来说，投资合作、技术创新和人才引进是促进区域产业升级的关键途径。这些策略可以相互支持，协同发挥作用，为民营企业提供更广阔的发展空间，同时也有助于地方经济的健康增长和可持续发展。

四、走出去是民营经济参与国际竞争的必然选择

面对国际竞争的压力，民营经济要实现持续、健康的发展，必须积极参与到国际竞争中。走出去成为民营经济面对国际竞争的必然选择。

走出去可以增加企业竞争力。通过走出去，企业可以引入国际先进技术、管理理念和商业模式，提高自身的研发和创新实力，增强品牌的竞争

力。同时，企业还可以通过与国际同行业的交流和合作，了解和掌握国际市场的发展趋势和市场需求，进一步优化产品和服务，提高企业的核心竞争力。

走出去可以拓展市场空间。通过走出去，企业可以将自己的产品和服务推向国际市场，从而获取更大的市场份额和更多的商机。同时，企业还可以通过与国际同行业的合作，进一步扩大企业的业务范围和市场规模，拓展企业的盈利空间。

走出去可以提高国际化水平。通过走出去，企业可以更好地了解国际市场、熟悉国际规则、提高国际化水平，为企业的长远发展奠定基础。同时，企业还可以通过与国际同行业的合作和交流，进一步提高企业的跨文化交流和合作能力，增强企业的国际竞争力。

然而，民营经济在走出去的过程中也面临着诸多挑战，如国际政治风险、文化差异、法律法规差异等。这些挑战可能给企业的海外业务带来严重的风险和困难。为了应对这些挑战，企业需要做好以下几点：首先，企业需要深入了解市场。在走出去之前，企业需要对目标市场进行深入的了解和研究，包括市场需求、竞争态势、法律法规等。这可以帮助企业更好地了解市场环境和客户需求，制定更加合理的市场策略，提高企业在海外市场的竞争力。其次，企业需要建立国际化团队。企业需要建立一支熟悉国际市场、擅长跨文化交流和合作的团队，以便更好地适应海外市场的环境。这支团队应该具备跨文化交流和合作的能力，了解国际市场的规则和惯例，能够灵活应对海外市场的变化和挑战。最后，企业需要加强风险管理。针对可能出现的政治风险、商业风险等，企业需要制定完善的风险管理措施，保障海外业务的安全。这包括建立完善的风险管理体系、对风险进行全面的评估和预警、制定应对风险的预案以及加强与当地政府和社会的合作等。

五、服务社会是民营经济推动共同富裕的必由之路

民营经济天生蕴藏着共同富裕的基因，而在新时代，这一基因将更加显著地发挥作用。自党的十八大以来，中国政府一直致力于完善社会主义市场经济体制，同时采取一系列政策措施来促进民营经济的发展，这使得民营经济在推动共同富裕事业中扮演着更为重要的角色。

首先，民营经济的持续健康发展已经成为历史的必然选择，因为它与共

同富裕的内在本质要求相契合。共同富裕的核心理念在于让更多人分享社会发展成果，而民营经济的兴盛为创造就业机会、提高收入水平、改善民生条件提供了坚实的支撑。

其次，共同富裕的实现不仅仅是一个目标，更是一种手段。共同富裕的本质在于确保社会中的每个人都能够平等地分享社会资源和机会，这就要求全体人民积极参与其中。民营经济的蓬勃发展为更多人提供了创业和就业的机会，为广大劳动者提供了增收渠道，从而推动了共同富裕的实现。

最后，共同富裕的本质是建立在社会公平正义之上。只有在一个公平的社会环境中，共同富裕才能真正实现。因此，共同富裕不仅仅是经济问题，更是社会问题。在共同富裕的历史进程中，我们需要逐步完善社会制度和体制，以确保每个人都能享有平等的机会和权利。

在这一背景下，民营经济发展环境将会更加宽松，因为它将继续为共同富裕的实现提供强大的动力。民营经济作为经济体系中不可或缺的一部分，将继续创造就业机会、促进创新和增加国家财富，从而为全体人民带来更多的福祉，助力实现共同富裕的伟大使命。

第二节　不同区域民营经济高质量发展对比分析

一、比较意义

我国是一个地域辽阔、人口众多的国家，区域经济发展的差异性非常显著。因此，进行区域经济的比较研究至关重要。本节将就这一主题展开探讨。

（一）区域比较研究的内涵和逻辑根据

区域经济比较研究是一种从宏观视角出发的研究方法，它深入剖析了不同地区的经济发展历史、当前状况以及未来趋势。通过对比分析，我们能够揭示经济系统的动态演变规律及其独特性。此类研究不仅为我们提供了其他地区经济发展的宝贵经验，为本地经济发展策略的制定提供了坚实的支撑，而且有助于我们探索区域经济开发的一般性规律，进一步丰富和完善区域经济理论。简言之，区域经济比较研究，对于我们的经济发展有着不可替代的重要价值。

在地理学领域中，区域是相对于全球而言的地域单元。通过对区域的比较研究，我们可以更深入地了解各地的经济特点和存在的问题，为经济发展提供有价值的参考和指导。这种划分和分析的方法不仅有助于我们更好地理解地理现象，也为政策制定和实践操作提供了重要的依据。

地域分异规律与区域经济、社会发展的不平衡性，共同塑造了区域间的显著差异。这种差异性催生了一个问题：为何需要对不同区域进行深入研究与比较？实际上，这种比较的逻辑基础在于区域间存在的共同特征。正是这些相似之处，使得我们能够探讨区域间的规律性问题，并为比较研究提供了依据。

值得注意的是，没有两个区域是完全相同或完全不同的。这种差异性为区域经济环境带来了独特的色彩，进而影响了各区域经济发展的目标、实施策略及步骤。通过比较，我们可以更加透彻地理解特定区域的经济发展特性及其背后的原因。此外，事物间的相互联系意味着，即使两个区域在类型和特征上存在显著差异，我们仍可以通过某种"中介"将它们联系起来。这种中介可能是某一具体事件或现象，它能够将两个看似无关的区域在经济、政治、教育、科技等方面建立联系。通过深入研究这一事件对其他区域经济系统的影响，我们可以更好地理解各区域经济系统的内部结构和功能，以及它们如何适应和变化。这种研究方法有助于我们更全面地认识特定事件对本区域经济的影响和启示。

（二）开展区域比较研究的意义

开展比较研究具有重要的认识论意义。

1. 解释区域经济的差异性，评估、区分影响区域经济的特殊可变因素。区域经济的发展是一个复杂的过程，受到众多因素的影响。这些因素可以大致分为两类：稳定因素和可变因素。稳定因素如地理位置、地形地貌、气候条件和矿产资源等，是区域经济发展的基础条件，对区域经济的发展具有长期影响。而可变因素如交通运输状况、产业结构、管理体制等，则可以通过人为干预进行快速调整和优化，对区域经济的发展具有更为直接和显著的影响。以我国为例，近年来管理体制的变革对区域经济的发展产生了巨大的推动作用。这表明，可变因素在区域经济的发展中扮演着至关重要的角色。因此，在区域经济开发中，我们应重点关注这些可变因素，通过科学规划和有效干预，促进区域经济的发展。同时，不同区域之间由于资源禀赋和发展条件的差异，其经济发展水平也存在较大差异。这种差异是由多种因素共同作用的结果，其中可变因素在不同区域所表现出的差异尤为显著。因此，在制定区域经济发展策略时，我们需要充分考虑各区域的实际情况和发展需求，因地制宜地制定相应的发展策略。

2. 揭示区域经济联系的本质特征。自 21 世纪初以来，科技的迅猛发展和交通运输业的繁荣极大地缩短了各区域间的时空距离，使得经济互动更加紧密。当前，全球经济体系已初现端倪，各地区的经济发展紧密相连。因此，在制定区域经济发展策略时，我们必须全面考虑各区域间的相互影响。通过深入的比较研究，我们能够更准确地把握区域间经济联系的内在规律，从而制定更具针对性的措施和策略，加强与外部地区的经济合作，推动区域经济的持续繁荣。这种综合性和针对性的策略制定，将有助于我们在全球化的大背景下实现区域经济的均衡发展。

3. 探索区域经济开发的共同模式。区域经济活动涵盖人类群体在特定管理体制下，运用科学文化知识进行有形和无形产品的生产、分配、交换和消费。虽然各区域发展经济的方式各具特色，但背后必然存在某些本质规律，暗示着区域经济开发的共同模式。这种共同模式一直是区域经济理论研究的核心目标，而区域经济理论则是对这一模式的假定性解读。然而，这些理论的科学性依赖于深入的比较研究。比较研究的深度和广度在很大程度上决定了理论的正确性和可靠性。因此，比较研究不仅是揭示区域经济开发共同模式的关键，更是连接区域经济实践与理论的桥梁。通过比较研究，我们能够更好地理解和应用区域经济理论，指导区域经济实践，推动区域经济的持续健康发展。

4. 预测区域经济发展趋势。经济活动是受到经济规律所引导的，因此，对这些规律的理解和掌握对于预测经济系统的未来走向以及制定区域经济发展战略至关重要。为了预测经济发展趋势，可以采用多种方法，如趋势外推法、回归分析法以及特尔斐法等。然而，一种更为直接有效的方法是对与本区域具有较高相似性的其他区域进行深入的比较研究。通过了解这些区域的经济发展历程和现状，并消除经济发展阶段的滞后性影响，可以观察到它们经济发展阶段的规律性现象。这种方法有助于我们更准确地预测本区域经济的发展趋势，为制定科学的区域经济发展战略提供有力支持。在进行比较研究时，我们需要关注不同区域之间的相似性和差异性，尤其是那些与本区域具有高度相似性的区域。通过对比分析这些区域的经济发展历程和现状，我们可以发现它们经济发展阶段的规律性现象，从而为本区域的经济发展提供有益的参考和借鉴。同时，我们还需要消除经济发展阶段的滞后性影响，以确保比较研究的准确性和可靠性。基于这些观察，我们可以进一步预测本区域的未来经济发展趋势。这种方法不仅提高了预测的准确性，同时也为区域经济发展战略的制定提供了有力的依据。

（三）进行区域比较研究应注意的问题

任何研究方法都有其局限性。因此，在进行比较研究时，必须认识到这一点，并特别注意以下几个方面，以避免潜在的"副作用"。

1. 慎重选择比较区域。比较研究涵盖多个方面，包括经济环境、专题经济、部门经济和综合经济的比较。在进行比较时，需要谨慎选择比较的区域。虽然任何两个区域理论上都具备可比性，但在实际操作中，可比性的大小是一个关键问题。确认可比性大小可以通过考察区域经济环境要素的相似程度来实现，相似度越高，可比性就越大；相反，可比性就越小。因此，在选择比较对象时，需要综合考虑经济环境要素的相似程度，以确保比较的有效性和准确性。

2. 防止机械类比。区域经济选择与本区域经济环境相近的区域进行深入研究，从他们的成功和失败中吸取经验，能够帮助我们在经济发展中避开误区，减少错误。所以，进行比较研究是非常必要的。但是，如果比较研究的目的是竞争而非借鉴，仅仅通过比较几个经济环境要素来制定过高的目标，这种做法是不可取的。因为一个经济现象的出现，是整个经济环境和系统沿时间轴综合作用的产物。如果我们只看到某些经济环境要素的相似性，而忽视了其他众多因素的差异和相互联系，这样的比较只是一种表面的类比，其结论的真实性和可靠性都是值得怀疑的。

3. 结论检验。在进行比较研究时，我们通常会依据区域相似性、区域差异性和区域联系中介这三个关键方面。然而，仅凭基于区域相似性或差异性的比较研究结果并不总是可靠的。这是因为各个区域都具有其独特属性，而过分偏重相似性或差异性可能会使推断受到该特殊性的影响，从而增加结论的不确定性。此外，仅凭某些相似或差异性来推断其他方面的相似或差异并不一定正确，因为这种推断的前提和结论之间并没有必然联系。因此，比较研究的结论必须经过进一步的验证和确认。

4. 占有丰富的资料。为了进行有效的比较研究，我们需要广泛收集有关各区域的全面资料。这些资料涵盖了自然环境、经济发展、社会状况、历史背景、现状以及未来趋势等多个方面。通过增加区域属性的数量和提高属性的相关程度，我们能够更全面地了解各区域的特征，进而为得出的结论提供更为可靠的支持。这样的资料收集工作不仅有助于我们深入了解各区域的发展现状，还能为制定针对性的区域发展策略提供重要参考。因此，广泛收集并深入分析各区域的全面资料是进行比较研究的关键步骤。如果资料不充分，比较研究就会失去其应有的意义，难以得出有价值的结论。因此，确保资料的完整性是我们进行比较研究的重要前提。

5. 与其他方法配合使用。尽管已经积累了大量资料，但由于人类认知能力的局限性，我们无法彻底了解比较研究中所有属性及其相关性，因此比较研究的局限性始终存在。这也意味着，比较研究需结合其他研究方法来填补知识的空缺。除了比较研究外，常见的区域经济研究方法还包括地图法、野外考察法、技术经济论证法、投入产出法和综合平衡法等，它们与比较研究同等重要，相辅相成。因此，将不同研究方法相结合，可以充分利用各自优势，为科学制定区域经济发展战略提供有力支持。

二、比较方法

针对我国民营经济高质量发展的区域比较分析，可以采用以下方法和指标选择。

（一）统计分析法

在探讨我国民营经济高质量发展的区域比较分析时，我们可以运用多种方法和指标，其中之一是统计分析法。这一方法依赖于丰富的数字数据，通过对各个地区的民营经济发展情况进行对比和分析，从而深入了解不同地区的民营经济发展状况以及相关的影响因素。

在开展统计分析时，我们可以汇集各地区的经济数据，如国内生产总值、就业率、投资额等。这些数据不仅可以揭示民营经济在不同地域的发展程度，还能揭示出其对当地就业水平和整体经济活力的贡献。通过对数据进行横向对比和纵向分析，我们可以全面了解不同地区之间的差异和趋势。

此外，统计分析法还能帮助我们探究影响民营经济发展的关键因素。我们可以利用回归分析等方法，识别出与民营经济增长密切相关的因素，如政策扶持力度、市场竞争情况、地区资源禀赋等。这些指标的对比分析，将为政府部门和企业提供重要的参考，从而制定更有针对性的政策和战略，进一步促进民营经济的高质量发展。

除了对比分析，统计分析法还可以进行趋势预测。通过对历史数据的回顾和建模，我们可以对未来各地区民营经济的发展趋势作出预测。这将有助于企业在投资和扩张决策时进行更加明智的选择，同时也有助于政府制定长远的经济规划和发展战略。

然而，需要指出的是，统计分析法虽然提供了许多有益的信息，但在运用时也需注意数据的可靠性和完整性。在处理数据时，我们应该尽量避免因为数据缺失或者异常而导致结论失真。此外，还需考虑到不同地区的文化、产业结构和地理条件等特点，因为这些因素在民营经济发展中也可能起到重要的作用。

总之，统计分析法是一种有效的区域比较分析方法，它能够帮助我们深入了解我国不同地区的民营经济发展现状及其影响因素。在政策制定和企业发展方向上，它都将发挥重要的参考和指导作用，有助于推动我国民营经济持续健康、高质量发展。

（二）案例研究法

在探索我国民营经济高质量发展的区域比较分析中，另一种重要的方法是案例研究法。这一方法着重于选择具有代表性的地区，对其民营经济发展情况进行细致入微的研究，以深入了解各地区民营经济发展的具体情况和影响因素。

案例研究法可以通过挑选多个典型地区或个别突出的成功案例，进行深度调查和翔实分析，以获取大量的实证数据。这些案例地区通常会因其民营经济发展的独特特征、创新经验或显著成就而备受关注。通过案例研究法，我们可以全面了解每个地区的历史背景、产业结构、政策支持、市场竞争等方面的细节情况，从而深刻认识民营经济发展的背后机制。

在进行案例研究时，研究者通常采用多种研究方法，如深度访谈、问卷调查、实地观察等，以确保获得充足且可靠的数据。通过与企业家、地方政府官员、行业专家等多方进行广泛交流，我们能够探寻民营经济发展中的成功因素和困境，并从中总结出具有普遍启示意义的经验教训。

案例研究法的优势在于其本身的深度和细节，它能够提供相对深入的情境理解，为我们解答"为什么"和"如何"等深层次问题提供线索。通过对比不同地区的案例，我们可以发现成功案例中的共性特征和失败案例中的共同问题，从而为其他地区的民营经济发展提供有针对性的建议和指导。

然而，值得注意的是，案例研究法也存在一定的局限性。由于案例的特殊性和局部性，研究结果在一定程度上可能无法直接推广到其他地区。因此，我们需要在得出结论时，结合其他方法和数据进行综合考量，以确保研究结论的科学性和可靠性。

综上所述，案例研究法是我国民营经济区域比较分析中不可或缺的一环。通过对具有代表性的地区进行详细研究，我们能够深入探寻各地区民营经济发展的具体情况和影响因素，为推动我国民营经济高质量发展提供重要的理论支撑和实践指导。

（三）问卷调查法

这一方法通过采用问卷调查方式，旨在充分了解不同地区民营企业的发展情况以及所面临的问题，从而有助于深入分析各地区民营经济发展的差异和成因。

问卷调查法是一种广泛应用的社会科学研究方法，它能够收集大量的客观数据和主观意见，提供全面、多样的研究信息。通过设计科学合理的问卷，我们可以向不同地区的民营企业家和相关经营者发放，从而获取来自实际经济主体的直接反馈。这样的数据来源在区域比较分析中显得尤为重要，因为它直接关系到民营经济发展的现实情况。

问卷调查法的优势在于其高效性和广泛性。相比其他研究方法，问卷调查能够同时涵盖大量受访者，覆盖范围更广，样本更具代表性。同时，问卷调查还可以提供匿名性，让受访者更自由地表达观点和意见，从而增加研究的客观性和准确性。

在进行问卷调查时，我们可以设置针对民营企业的各个方面的问题，如企业规模、资金来源、市场竞争、政策支持等。通过对这些问题的收集和整理，我们可以获得关于不同地区民营经济发展的全貌，并探究其背后的原因和动因。比如，某些地区的民营企业可能面临着融资难题，而另一些地区的民营企业则因得到政府支持而蓬勃发展。这些细致的数据和分析将为我们提供深入理解各地区民营经济发展的细节和特点，有助于找出存在的问题和潜在的发展机遇。

虽然问卷调查法具有诸多优势，但也需注意其局限性。例如，受访者的主观意见可能受到自身经验和认知的影响，导致数据的主观性。为了弥补这一缺陷，我们可以结合其他研究方法，如案例研究法和统计分析法，以取得更全面的研究成果。

总结而言，问卷调查法是我国民营经济区域比较分析中的重要一环，通过充分了解不同地区民营企业的发展情况和问题，有助于深入剖析各地区民营经济发展的差异和原因。在政策制定和实践指导上，这一方法为我们提供了有力的数据支撑和实证依据，有助于推动我国民营经济持续、稳健、高质量发展。

三、比较内容

（一）创新能力

在探讨我国民营经济高质量发展的关键因素时，创新能力被认为是至关重要的因素之一，其中包括自主知识产权和技术创新能力等方面。

创新能力是指企业在面对市场竞争和变革时，积极主动地进行独立研发和创新的能力。民营企业如果能够拥有强大的创新能力，将在经济发展中处于更有优势的地位。首先，自主知识产权的保护和创造对于民营企业来说尤为重要。通过获得自主知识产权，企业可以有效地保护其创新成果，防止技术泄漏和抄袭，从而确保在市场竞争中取得持续竞争优势。其次，技术创新能力也是衡量民营企业竞争力的重要标志。拥有强大的技术创新能力，企业可以不断推出更先进、更符合市场需求的产品和服务，满足消费者的不断变化的需求。在科技日新月异的时代，技术创新能力对企业的发展至关重要，它不仅能够提高企业在市场上的地位，还有助于提升企业的核心竞争力，从而在激烈的市场竞争中占据主动。

然而，要培养和提升民营企业的创新能力，并不是一件简单的事情。这需要企业在组织管理、人才队伍、技术投入等方面进行全方位的优化和提升。同时，政府部门也应该加大对民营企业的创新支持力度，为其提供更多的创新政策、技术支持和资金支持，从而营造更加有利于创新的发展环境。

另外，为了提高创新能力，民营企业还应积极开展技术合作与交流，借鉴国内外优秀企业的创新经验，并吸纳各方智慧，从而不断提升自身的创新水平和能力。通过共享资源和合作创新，企业可以实现优势互补、共同成长，推动整个行业的创新发展。

总而言之，民营企业的创新能力对其发展起着至关重要的作用。企业自主知识产权和技术创新能力的提高将直接影响企业的竞争力和可持续发展。只有不断增强创新意识、完善创新机制、提高创新能力，才能为中国民营经济的高质量发展奠定坚实基础。

（二）进出口贸易额

民营经济参与对外贸易的规模和表现直接关系到其在国际市场上的发展水平和国际竞争力。

进出口贸易作为民营经济国际交往的重要组成部分，对于民营企业来说具有重要的意义。通过积极参与进出口贸易，民营企业不仅可以实现资源的合理配置和市场的拓展，还能够增强自身的竞争能力和适应国际市场的能力。对于出口型民营企业而言，其产品和服务的远销海外，不仅为企业带来了更多的市场份额和利润，还为国家创汇和促进经济发展作出了重要贡献。

同时，进出口贸易额的表现也直接影响到民营经济的国际竞争力。国际贸易不仅是企业间竞争的重要舞台，也是各国经济实力和综合竞争力的体现。当民营企业在进出口贸易中取得良好的表现，不断扩大自身的国际市场份额，必然会增强其在全球市场的话语权和竞争优势。这种国际竞争力的提升，将有助于推动我国民营经济走向世界，实现更高水平的国际合作和交流。

然而，要提高进出口贸易额并非易事。在国际贸易中，民营企业面临着来自国际市场的激烈竞争和各种贸易壁垒。为了突破这些障碍，民营企业需要不断提升自身的产品质量、技术水平和品牌形象。同时，政府也应加大对民营企业的支持力度，为其提供更多的贸易便利和政策支持，从而激发民营企业参与国际贸易的积极性和热情。

进出口贸易额是衡量民营经济国际化水平和国际竞争力的重要指标，积极参与进出口贸易，有助于民营企业拓展市场、提升竞争力，实现更好更快发展。为了取得更好的表现，民营企业应不断提升自身的实力，同时政府也应提供更多的支持和保障，共同推动我国民营经济在国际舞台上展现更加强大的活力和魅力。

（三）税收贡献

民营企业的税收贡献是评判其经济实力和贡献的重要标志。在当今现代经济社会中，民营企业作为国民经济中不可或缺的一部分，在推动经济发展、增加就业机会、促进社会稳定等方面扮演着至关重要的角色。随着市场经济的不断深入和全球化的趋势，民营企业的地位和作用日益突出。

税收作为国家财政收入的主要来源之一，直接关系到国家的经济繁荣和社会稳定。民营企业的税收贡献直接反映了其经营业绩和发展规模，也代表了其对国家税收体系的支持和奉献。高额的税收贡献意味着企业创造了丰厚的利润，为国家提供了重要的财政支持，有力地推动了经济的可持续增长和社会的持续进步。

然而，税收贡献不仅仅是数字上的增长，更蕴含着民营企业对社会责任和公益事业的担当。随着社会对企业社会责任的要求日益提升，民营企业不仅要关注自身的经济利益，还要积极履行社会责任，回报社会，为国家和人民作出更大的贡献。通过主动参与公益活动、推动环境保护和社会公平正义，民营企业能够实现自身的可持续发展，同时也为国家的可持续发展贡献了力量。

税收贡献的大小不仅反映了民营企业的经济实力，也影响到企业的声誉和社会形象。税收良好的企业往往能够获得更多的社会认可和信任，吸引更多的优秀人才加入，形成良性循环。与此同时，税收贡献丰富的企业还能够获得更多政府支持和政策优惠，为企业的发展提供更多有力的保障。

（四）政策支持度

政府对民营企业的支持度被视为一个至关重要的因素，直接关系到这些企业的发展前景和竞争优势。随着市场经济的不断发展和全球化的加剧，民营企业在国民经济中的地位日益重要，其发展对于经济稳定和社会繁荣具有举足轻重的作用。因此，政府对于这些企业的支持程度和政策扶持至关重要。

政策支持度是政府对民营企业的政策倾斜程度的体现，包括财政支持、税收优惠、融资便利、市场准入等方面的政策措施。高度的政策支持度能够有效地缓解民营企业在经营过程中所面临的各种困难和挑战，为其提供更加稳定和可持续的发展环境。

1. 政府的财政支持是支持度的重要组成部分。通过为民营企业提供贷款、担保和补贴等金融支持，政府可以帮助这些企业解决资金短缺的问题，降低其融资成本，提升企业的发展能力。此外，对于新兴产业和高新技术领域的民营企业，政府还可以通过创新基金和科技补助等形式，鼓励企业进行技术研发和创新，提升其市场竞争力。

2. 税收优惠政策也是政府支持度的重要方面。通过减免企业所得税、增值税等税种的优惠政策，政府可以降低民营企业的税收负担，提高其盈利水平和现金流，增强企业的抗风险能力。税收优惠政策还可以吸引更多的投资者和创业者参与到民营企业的创业和发展中，促进经济的多元化和创新驱动发展。

3. 政府在市场准入方面的政策至关重要。通过简化注册登记手续、放宽市场准入限制，政府可以为民营企业创造更加公平和竞争的市场环境。此外，对于民营企业参与政府采购和基础设施建设等方面，政府还可以优先选择民营企业，增加其市场份额，推动其发展壮大。

（五）人民生活水平

人民生活水平是一个国家或地区发展水平的重要标志，而民营经济作为国家经济体系的重要组成部分，与人民的生活水平有着密切的联系。人民生活水平对民营经济的发展起着重要的支撑作用，这种相互关系不容忽视。

1. 人民生活水平的改善是民营经济发展的动力源泉之一。随着人们生活水平的提高，对生活质量的需求不断增长，消费结构也在发生积极的变化。这种消费升级和升华为民营企业提供了更多的发展机会和市场需求。民营企业通过满足人们多样化、个性化的需求，不断推陈出新、优化产品和服务，从而推动企业不断壮大，带动经济的增长。

2. 人民生活水平的提高扩大了民营经济的市场规模。当人们的收入水平得到提升，他们更愿意参与到各类经济活动中，从而增加了企业的潜在客户群体。这将有助于扩大市场需求，激发企业的创新活力，促进产品的升级换代，进一步推动了民营经济的蓬勃发展。

3. 人民生活水平的改善为民营企业提供了更加优质的人力资源。随着教育水平的不断提高和人才培养体系的完善，社会上涌现出越来越多具备优秀专业技能和创新精神的人才。这些人才对于民营企业的发展起到了重要的推动作用，为企业提供了人才储备和创新动力，促进了企业的可持续发展。

4. 人民生活水平的稳步提升拉动投资和创业的热情。当人们拥有更多的经济自主权和消费能力时，他们更容易投资创业，开展各类经济活动。这将进一步增加民营经济的投资规模和市场份额，形成良性的发展循环。

综上所述，通过比较分析各地区的民营经济在以上各个指标上的表现，可以深入了解各地区的发展水平和发展特点，为促进我国民营经济高质量发展提供重要依据。

第三节　中国各地区民营经济高质量发展状况

一、东部地区

近年来，中国东部地区民营经济高质量发展取得了长足进展。在积极落实国家政策、加大支持力度的背景下，民营企业在科技创新、品牌建设、市场开拓等方面持续发力，取得了可喜的成果。

首先，民营企业在科技创新方面稳步前进。随着全社会创新意识的不断增强，越来越多的民营企业开始逐步注重科技创新，不断引入国际领先的技术和设备。同时，各级政府也大力支持民营企业在研究开发、技术攻关等方面的创新实践。这一切的努力不仅大幅提升了企业的核心竞争力，更为社会经济发展增添了新的动力。

其次，民营企业品牌建设的成果也日渐显现。近年来，越来越多的民营企业开始重视品牌建设，通过多种手段不断增加品牌曝光度，提升品牌知名度和美誉度。尤其是在国内外市场竞争日益激烈的背景下，品牌力量更是成为企业谈判的重要筹码。因此，品牌建设的成果不仅为企业赢得更多客户，提高其盈利能力，也为企业在国际市场上争得更大优势带来了更多可能。

最后，民营企业在市场开拓方面也取得了积极的进展。基于中国经济持续稳定增长的大环境，民营企业通过市场拓展、产品创新等多种方式，不断扩大市场份额和市场占有率。尤其是在新兴市场、新兴产业方面，民营企业进行了大量布局和投资，加速了企业发展的步伐。

综上所述，中国东部地区民营经济高质量发展状况较为强劲，取得了长足进展，为中国经济社会的发展注入了新的活力和动力。同时，随着各级政府的积极支持和政策的优化完善，相信民营企业在未来的发展中将会取得更加显著的成就。

二、中部地区

中国中部地区是民营经济发展的重要区域之一，随着国家政策的推动和各级政府的支持，中部地区民营经济高质量发展取得了长足进展。

首先，中部地区的民营企业家精神和创新创业意识逐渐增强。随着全社会创新创业氛围的日渐浓郁，很多中部地区的民营企业开始重视创新，加大研发投入，不断推出更具市场竞争力的新产品、新技术和新服务。同时，各级政府也积极引导和鼓励民营企业家经常参加各种创新创业活动，提高企业家创新创业水平和能力。

其次，中部地区的民营企业在技术升级和生产效率方面不断提升。通过引进国际先进生产技术和设备，进行技术创新和技术改造，不断提高企业自身核心竞争力。同时，中部地区的民营企业在人才吸引方面也作出了大量努力，加强企业内部的人才培养和引进，提高生产效率和产品质量。

最后，中部地区民营企业在市场拓展方面取得了显著成果。随着国内市场的发展速度逐步放缓，很多民营企业开始将业务扩大到国外市场，通过出口贸易、国际合作等方式开拓海外市场。同时，中部地区各级政府还积极为民营企业搭建外贸平台，引导企业参加各类国际展览会和交易会等，拓展国际市场。

总的来说，中部地区的民营经济高质量发展状况较为积极和向好。未来，中部地区将继续坚持创新驱动，推动转型升级，深化改革开放，加强政策引导和服务支持，加大企业技术升级和人才引进，逐步提高企业自身竞争力和市场占有率，不断推动中部地区经济全面发展。

三、西部地区

西部地区经济相对欠发达，但也蕴含着巨大的经济潜力。在实现西部大开发战略中，西部地区的民营经济高质量发展是一个至关重要的因素。以下是实现此目标的关键要素。

1. 优化营商环境。优化营商环境是推进西部地区民营经济高质量发展的首要任务。为了鼓励民营企业蓬勃发展，西部地区需要构建一个包容和谐的营商环境。政府在其中发挥着关键作用。政府应采取多种措施，确保民营企业在公平的竞争环境中健康发展，使其得到充分的法律保护和政策支持。具体而言，政府可以加大监管力度，确保市场竞争公平性；减轻企业财务压力，降低税收负担；简化审批程序，提高行政效率。同时，优化服务水平，为企业提供更便捷高效的支持。这些措施将为民营企业提供一个良好的发展环境，激发其创新活力和竞争力。

2. 强化产业创新。产业创新是实现民营经济高质量发展的另一个关键要素。产业创新对企业的长期发展至关重要。政府应积极推动产学研合作，加强科技成果的转化和人才引进。通过促进科技与产业的深度融合，西部地区的民营企业将不断提升技术水平和创新能力。同时，政府还应鼓励企业进行转型升级，以适应市场的需求变化，提高企业的抗风险能力。产业创新将为西部地区民营经济的高质量发展提供源源不断的动力，使其在激烈的市场竞争中占据有利位置。

3. 加强金融支持。加强金融支持是推动西部地区民营经济蓬勃发展的重要手段。企业的发展需要稳定和充足的资金支持。因此，西部地区需要持续完善其金融体系，并引入更多的金融资源。通过建设多层次的金融市场，西部地区可以为民营企业提供更灵活多样的融资渠道，以满足企业发展所需的资金需求。同时，政府也可发挥积极作用，出台多样化的融资政策，为企业提供融资保障，降低企业融资成本，进一步激发企业投资创业的积极性。

4. 积极拓展国际市场。积极开拓国际市场是促进西部地区民营经济高质量发展的另一个关键因素。西部地区具备丰富的资源和劳动力成本优势，因此，在积极利用海外市场、开拓国际业务以及扩展海外业务方面具有独特的优势。政府在其中扮演着重要角色，应该加强对企业的支持和引导，为其出海提供政策支持和资金保障。同时，政府还应加强留学人才的引进工作，借助国际人才的智慧和经验，促进西部地区企业与国际市场的深度融合，提高企业在国际竞争中的竞争力。

5. 增强企业创新能力。提升企业创新能力是实现高质量发展的基石，也是提高市场竞争力的关键要素。企业创新的重要性不言而喻，它不仅推动企业自身的可持续发展，还对整个经济社会的进步产生积极的推动作用。因此，西部地区的民营企业需要着重加强自身的管理创新和技术创新。在管理方面，企业应不断优化和改进经营模式，提高管理效率，降低成本，以应对激烈的市场竞争。同时，在技术方面，企业需要积极引进和培养高技能人才，不断增强技术研发和创新能力，推动技术成果转化为实际生产力，从而保持持续的创新优势。

6. 推进国企民企混合所有制改革。推进国企民企混合所有制改革也是实现西部地区民营经济高质量发展的另一重要途径。混合所有制改革对于激发企业活力、提高国有企业的经营效率和竞争力，以及优化民营企业资源配置和引入优质资产都具有积极的作用。为此，政府应积极推进混改，发挥在激发市场活力、提高企业竞争力方面的积极作用。对于国有企业而言，混改可以引入民间资本和管理经验，激发其活力，推动企业转型升级。而对于民营企业而言，混改可以帮助其优化资源配置，引入更多的优质资产，提升企业的市场竞争力。通过这样的混合改革，不仅能够促进企业的高质量发展，还能进一步激发整个地区的发展潜力，实现经济腾飞。

第四节　不同地区民营经济高质量发展状况的主要影响因素分析

我国不同地区民营经济的高质量发展，受到来自多方面不同因素的影响，其中主要包括政策因素、法治因素、社会氛围三个方面。以下是主要的影响因素分析。

一、政策因素

政策因素是影响我国民营经济高质量发展的重要因素之一，它能够直接或间接地影响民营经济的发展方向和质量。政策因素的影响主要表现在以下几个方面。

（一）完善融资支持政策制度

民营经济是推动我国经济增长不可或缺的力量，民营企业在吸纳就业、活跃市场、增加财税收入、优化产业结构等方面发挥着重要作用。尽管如此，我国民营企业在融资方面面临严峻挑战，融资困难、融资成本高已成为限制民营经济进一步发展的瓶颈。为了解决这一问题，政府可以从以下几个方面完善融资支持政策制度。

1. 加强社会信用体系建设，构建信用信息共享平台。民营企业融资难的问题很大程度上源于信息不对称。为解决这一问题，我们必须积极推进社会信用体系建设，发展信用评级市场，并完善征信体系。建立一个统一的征信管理系统，涵盖工商、税务、司法等部门，将能有效缓解金融机构和企业间的信息不对称，为诚信经营的企业创造更便捷的融资环境。同时，这样的系统也有助于金融机构更准确地评估企业信用，降低信贷风险。此外，适度开放金税工程数据接口，让金融机构能够参考税务数据来评估企业经营状况，也是一种值得探索的解决方案。通过这些措施，我们可以为民营企业融资创造更加公平、透明和高效的环境。

2. 完善担保体系。为了强化担保体系，我们需要采取一系列措施。首先，加快推进政策性融资担保体系建设是关键，这可以拓宽政策性担保的增信手段，并完善权利和动产担保制度。其次，构建政府担保、银行担保和企业担保的多层次长效对接机制也是必不可少的。由于资本具有谋利和规避风险的特性，我们需要设立风险分散机制，以促进金融资源向民营企业流动。推动政府性融资担保和再担保体系建设的同时，加强银行与担保机构的合作也是至关重要的，这可以充分发挥两者的专业优势，提高效率并降低成本。此外，引入贷款信用保险也是一种值得考虑的方式，它可以发挥保险在增信方面的作用，为优质民营企业提供信用支持，并帮助融资机构分担经营风险。这些措施将共同促进担保体系的完善，为民营企业融资创造更加有利的条件。

3. 完善资本市场，打造多元融资体系。资本市场在支持民营企业融资方面扮演着关键角色。为了确保民营企业能够获得充足的资金支持，政府应着力促进融资渠道的多样化，优化金融体系。这包括积极发展债券市场和多层次资本市场，以引导民营企业在股权融资和债券融资之间找到平衡点，进而提高直接融资的比例。对于初创期和成长期的民营企业，风险投资和私募股权融资等直接融资方式尤为重要。这些方式不仅有助于减轻企业的负债压力，促进其健康发展，还能在一定程度上分散市场风险。因此，政府应采取措施放宽市场准入，支持符合条件的民营企业参与直接融资市场，从而拓宽其融资渠道。总之，通过优化资本市场结构、促进融资渠道多样化以及支持民营企业参与直接融资市场，我们可以为民营企业提供更加稳定和可持续的资金支持，推动其健康、快速发展。

4. 政策上加大对实体民营企业的扶持力度。为了推动实体民营企业的发展，进一步完善政策支持体系至关重要。政府需加强顶层设计，构建有利的制度环境，并特别关注民营企业融资风险较高的问题。为此，政府需明确政策方向，强化与银行、企业之间的沟通协作，确保各部门协同发力，引导金融资源更多流向民营企业。在法律和制度层面，应消除所有制差异，确保国有企业和民营企业享受同等的法律保护和制度支持，从而优化民营企业的融资环境。此外，政府可通过推行风险补偿基金、再贷款、再贴现等优惠政策，为民营企业提供实际支持。这些政策的实施需要紧密结合实际情况，通过不断探索和实践，确保政策真正落地生效。同时，要加强对民营、中小微企业的金融支持，但并不意味着采取过度宽松的政策。相反，应通过提供适度的流动性，为民营企业创造更加宽松的金融环境，进而提升企业的自我融资能力。

（二）提高企业人才保障

人才是推动民营经济高质量发展的第一要素，也往往是企业的短板。新时代民营企业要迈向高质量发展，根本出路在创新，关键支撑是人才。这就需要政府积极营造宽松和谐、规范有序、导向明确、公平清明的人才发展环境，围绕育才、引才、留才、用才，全方位提供更加精准、有效的人才服务。

1. 建立健全人才培养机制。促进建立完善的人才培养机制，通过提供各类培训和学习机会，帮助提升民营企业员工的专业技能和综合素质，以满足民营企业的发展需求。这不仅能够有效提升民营企业员工的职业技能水平，还能够提高他们的创新能力和企业的市场竞争力。可以在政策上鼓励企业与教育机构、行业协会等建立合作关系，共同开展培训，为员工提供系统化的培训课程，使其得到持续的专业知识和技能更新。

2. 优化人才引进政策。可以出台相关措施鼓励并支持民营企业从国内外引进高级管理和技术人才，以提升企业的人才优势。这样的政策可以有效弥补民营企业人才队伍的不足，引进更多具有创新能力和国际化视野的人才，推动企业的发展升级。可以从政策上放宽引进人才的门槛和限制，简化审批程序，并提供相应的奖励和支持措施，吸引优秀人才加入民营企业。

3. 建立科学的人才评价机制。可以促进民营企业建立科学、公正的人才评价机制,通过多元化的评价方式,全面评价民营企业人才的贡献,激发人才的创新创造活力。这样的政策机制可以鼓励员工在工作中发挥自己的特长和创新能力,帮助他们实现个人价值,并为企业的发展注入更多的活力和智慧。政府可以制订相关标准和指导制度,确保评价过程的公正性和透明度,同时给予优秀人才相应的激励和奖励,以进一步激发员工的积极性和创造力。

(三) 完善政策帮扶到位机制

政策帮扶是民营企业解决实际问题和困难的必要手段,这涉及以下几个重要的方面:

1. 建立健全政策宣传和执行机制。政府需要采取多种方式来宣传和普及各项政策,以确保民营企业充分了解并运用各项政策。这可以通过开展政策宣讲会、下发政策解读材料、建立政策咨询热线等方式来实现。为了更好地宣传和解读政策,政府可以邀请专业人士和专家进行现场讲解和解答,以帮助民营企业更好地理解和运用政策。此外,政府还可以通过各种媒体渠道,如报纸、电视、网络等,向民营企业宣传政策,确保政策的引导和支持作用得到充分发挥,帮助民营企业解决实际问题和困难。

2. 提供一站式服务。政府可以建立一个综合性的服务平台,为民营企业提供政策咨询、项目申报、融资服务等一站式服务。这个平台可以类似于一个在线门户网站,提供各种政策和服务的查询、事务申请和办理功能。通过这个平台,民营企业可以轻松获取各种政策和服务的支持,无须四处奔波。此外,政府还可以设立服务中心,提供线下咨询和服务,以满足民营企业的实际需求。通过这种方式,政府可以简化办事流程,提高服务效率,有效减轻民营企业的行政负担,提高其办事效率,使其更加便捷地获取各种资源和支持。

3. 加强政策效果的反馈与调整。政府应定期收集和分析民营企业对政策的反馈意见,及时发现问题并调整政策,确保政策的科学性和有效性。这可以通过开展政策评估、进行民意调查、设立反馈渠道等方式来实现。政府可以组织专业团队进行政策评估,对政策的执行效果进行客观评价。同时,政府还可以开展民意调查,了解民营企业对政策的满意度和反馈意见。此外,政府可以设立反馈渠道,接受民营企业的投诉和建议,及时解决问题和调整政策。通过这种方式,政府可以及时发现并解决政策执行中存在的问题,使政策更加符合民营企业的实际需求，更好地推动民营经济的发展。

4. 加强政策的协调和配合。政府各部门之间需要进行协调和配合，确保政策的连贯性和一致性。政府各个部门都有自己的职责和权限，如果各自为政，就可能会导致政策的不协调和不一致。因此，政府需要建立跨部门的协调机制，确保各项政策之间的相互衔接和协调一致，这样可以使政府更好地为民营企业提供支持和帮助，促进民营企业的发展。同时，政策的协调和配合也需要考虑实际情况。不同的部门可能有不同的工作重点和难点，需要有针对性地进行协调和配合。政府可以设立专门的协调机构或委员会，负责监督和协调政策的实施，确保各项政策都能够有效地发挥作用。此外，政策的协调和配合还需要持续性的沟通和交流。政府各部门之间需要保持密切的联系和沟通，及时了解民营企业的发展情况和存在的问题，及时调整政策，为民营企业提供更好的服务和支持。政府也需要加强对民营企业发展情况的监测和评估，及时发现问题并采取措施加以解决。

综上所述，政策因素在民营经济的高质量发展中扮演着至关重要的角色。通过不断完善融资支持、人才保障和政策帮扶等方面的政策措施，可以有效地推动我国民营经济的高质量发展。然而，这些措施的实施需要各级政府、各个部门以及社会各界的共同努力和配合，只有形成全社会共同支持民营经济发展的良好氛围，才能实现我国经济的持续、健康、高质量发展。

二、法治因素

随着经济全球化的不断深入和市场竞争的加剧，我国不同地区民营经济的高质量发展已成为国家经济发展的重要组成部分。然而，在实现高质量发展的过程中，民营经济面临着来自多方面不同因素的影响，其中法治因素便是一个重要的方面。法治因素在保护民营企业和民营企业家的合法权益、完善知识产权保护体系以及强化监管执法体系等方面发挥着重要作用，进一步推动了民营经济的健康发展。

（一）保护民营企业和民营企业家合法权益

1. 加强法律法规的制订和实施。为了有效保护民营企业和民营企业家的合法权益，必须加强相关法律法规的制订和实施。首先，制订更加完善的法律法规，明确保护民营企业和民营企业家的合法权益，确保有法可依。这些法律法规应该覆盖广泛的领域，包括但不限于企业成立、运营、退出等方面，同时对各种侵权行为进行明确界定和处罚。在制订法律法规的过程中，应广泛征求民营企业和社会各界的意见，以确保法律法规的公正性和可操作性。

其次，加大实施力度，确保各项法律法规得到有效执行。这需要建立健全执法机制，强化司法公正和公开，提高执法效率和透明度。同时，对违反法律法规的行为进行严厉打击和制裁，维护法律的权威性和严肃性。在实施过程中，可以引入现代化的监管手段和技术，如大数据分析、人工智能等，提高监管效率和精确性。

此外，针对民营企业和企业家的合法权益保护，可以制订专门的法律法规，进一步细化和强化对民营企业和企业家的保护，增强法律的可操作性和针对性。同时，对现有的法律法规进行修订和完善，确保其与时代发展和市场需求相适应。

2. 完善司法救济机制。为了保障民营企业家的合法权益在受到侵害时能够及时得到救济，必须完善司法救济机制。应建立健全司法救济机制，为民营企业提供及时、有效的法律援助和咨询。设立专门的民营企业法律援助机构，提供法律咨询、代理诉讼等服务，帮助民营企业解决法律纠纷。同时，加强对侵权行为的惩处，对侵犯民营企业和企业家合法权益的行为依法予以打击和制裁。在司法救济机制的完善过程中，可以引入新型的司法技术，如大数据、人工智能等，提高司法效率和公正性。

此外，应加强对司法机关的监督和制约，确保司法公正和公开。加强对司法人员的培训和教育，提高其职业道德和专业素养，防止出现司法腐败和不公。同时，引入社会监督机制，接受公众对司法机关的监督和评价，促进司法机关更好地履行职责。

3. 增强法律意识。增强法律意识是保护民营企业家合法权益的重要一环。通过加强对民营企业家的法律宣传和教育，可以提高他们的法律意识和自我保护能力。这可以通过各种渠道进行，如通过媒体、网络、讲座等形式，向民营企业家普及法律知识，增强其法律意识和自我保护能力。同时，鼓励民营企业建立法律顾问制度，聘请专业的法律顾问为其提供法律服务和咨询。法律顾问可以协助民营企业制订合规策略，进行风险评估和解决纠纷等，为民营企业提供全面的法律支持。

此外，政府和社会组织也可以提供培训和讲座等法律教育活动，帮助民营企业了解和掌握相关法律法规。通过增强法律意识，民营企业将能够更好地遵守法律法规，防止侵权行为的发生，同时能够在权益受到侵害时采取有效的法律措施进行维权。

（二）完善民营企业知识产权保护体系

1. 强化知识产权意识。强化知识产权意识是加强民营企业知识产权保护的第一步。为了增强民营企业家的知识产权意识，可以采取多种措施。首先，政府和相关机构应该加强对知识产权的宣传和教育，通过举办讲座、论坛、展览等活动，向民营企业宣传知识产权的重要性和价值。其次，可以引入成功的案例向民营企业展示知识产权保护的重要性，激励其加强知识产权保护工作。例如，可以选取一些因保护知识产权而获得巨大成功的民营企业的案例，介绍其保护知识产权的经验和成果，以此激发其他民营企业加强知识产权保护的积极性。

2. 加强知识产权保护法律法规的制订和实施。制订更加完善的知识产权保护法律法规是加强民营企业知识产权保护的基础。首先，政府应该加强对现有法律法规的修订和完善，使其适应时代的发展和民营企业的需求。例如，可以对专利法、商标法、著作权法等法律法规进行修订，增加对新型知识产权的保护条款。其次，要加强对知识产权侵权行为的打击和制裁，保障知识产权所有者的合法权益。在实际操作中，可以建立知识产权侵权行为的举报机制，对侵权行为进行及时调查和处理，对侵权者进行严厉的惩罚。同时，加强对侵权行为的打击和制裁，可以起到震慑作用，减少侵权行为的发生。

3. 建立健全知识产权维权机制。建立健全知识产权维权机制是加强民营企业知识产权保护的必要条件。首先，可以设立专门的知识产权维权机构，提供知识产权维权服务，帮助民营企业维护其知识产权。例如，可以建立知识产权维权热线，为民营企业提供咨询、调解、维权等服务。其次，要加强对侵权行为的打击和制裁，保障知识产权所有者的合法权益。在实际操作中，可以建立知识产权维权绿色通道，为民营企业提供快速、便捷的维权服务。同时，可以引入新型的维权技术，如在线维权系统、智能维权机器人等，提高维权的效率和便利性。

4. 加强司法公正和公开透明。首先，加强对司法公正的监督和保障，使民营企业能够得到公正的司法保护。例如，可以公开司法判决的理由和结果，使民营企业能够了解司法公正的程度和水平。其次，建立司法公开透明的机制，加强公开透明度，使知识产权保护的整个过程能够在阳光下进行，避免暗箱操作和不公正的行为。例如，可以建立知识产权保护的信息公开制度，公开知识产权审批、申请、维权等过程和结果，使民营企业能够了解知识产权保护的真实情况。

5. 加强国际合作和交流。在全球化背景下，知识产权保护已经超越了国界的限制。因此，需要与其他国家和地区进行合作和交流，共同打击知识产权侵权行为，促进知识产权的保护和发展。例如，可以与国际组织、其他国家和地区的知识产权机构进行合作和交流，分享经验和资源，提高民营企业知识产权保护的水平。

综上所述，加强民营企业知识产权保护需要多方面的努力和措施，需要政府、企业、社会各方面的共同参与和努力，建立健全知识产权保护体系，加强司法公正和公开透明，加强国际合作和交流，以提高民营企业知识产权保护的水平，促进民营企业的健康发展。

（三）强化监管执法体系

1. 规范监管执法行为。为了确保监管执法部门依法行政，保障民营企业的合法权益，必须加强对监管执法行为的规范和监督。这包括对监管执法部门的执法行为进行全面审查和评估，以确保其合法性和公正性。在具体的操作过程中，可以采取多种方式，如引入独立的第三方评估机构、加强媒体和公众的监督等，对监管执法部门的执法行为进行全方位的监督和评估。

同时，监管执法部门应该加强对监管执法人员的培训和教育，提高其执法水平和专业能力，确保他们在执行公务时能够依法合规、公正公平。这包括对监管执法人员进行法律知识培训，提高他们对法律法规的理解和运用能力。此外，还需要加强对监管执法人员的职业道德教育，防止出现滥用职权、腐败等问题。

为了增强监管执法的透明度和公平性，可以引入公众参与机制，如监管执法公开听证、公众评议等。这些措施将有助于增加监管执法的公开度和透明度，提高监管执法公正性和公平性。同时，建立健全投诉举报机制，让民营企业能够及时反映问题，监督监管执法部门的工作。对于民营企业反映的问题，监管执法部门应该及时处理并反馈结果，以增强民营企业对监管执法部门的信任和满意度。

2. 推进"放管服"改革。进一步推进"放管服"改革是优化营商环境、为民营企业提供更好服务的重要举措。具体而言，可以采取以下措施：一是简化行政审批程序，减少审批环节和审批时间，提高审批效率，为民营企业提供更加便捷和高效的服务。这可以通过精简审批流程、推行电子化审批等方式实现。二是加强对行政权力的监督和制约，防止权力的不合理使用和规避贪污腐败。这需要建立健全权力监督机制，如加强审计、监察等部门的监督职能，同时加强公众和媒体的监督作用。三是在"放管服"改革中，可以引入电子政务、在线服务等新型服务方式，提高服务效率和便利性。这可以通过建立在线申报、审批系统等方式实现，为民营企业提供全天候、便捷的服务。

3. 加强监管执法队伍建设。加强监管执法队伍建设是确保监管执法工作有效性和公正性的关键。可以通过各种途径加强对监管执法人员的培训和教育，提高其专业能力和执法水平。这包括定期组织法律知识培训、执法技能培训等，以提高监管执法人员的专业素养和执法能力。同时，加强对监管执法队伍的管理和监督，确保其工作的公正性和有效性。这需要建立健全内部管理制度，如制订执法行为规范、建立执法监督机制等，确保监管执法人员严格遵守法律法规，公正公平地执行公务。

在监管执法队伍建设中，可以引入绩效评机制、激励机制等，提高监管执法人员的工作积极性和责任感。这可以通过设立考核标准、制订奖励惩罚制度等方式实现，以激励监管执法人员更好地履行职责，为民营企业提供更好的法治环境。同时，加强对监管执法人员的职业道德教育，增强其责任感和使命感，确保其在工作中能够依法合规、公正公平。通过这些措施，可以建立一支高素质、专业化的监管执法队伍，为民营企业提供更好的法治保障。

综上所述，依法保护民营企业和企业家的合法权益、完善知识产权保护体系、加强监管执法工作是促进我国不同地区民营经济高质量发展的重要法治因素。通过加强法律法规的制订和实施、完善司法救济机制、增强法律意识、加强知识产权保护、规范监管执法行为等多方面的措施，可以推动法治环境的不断改善和优化，为我国民营经济的高质量发展提供更加稳定和可靠的法治保障。同时，需要不断适应时代发展和市场需求，不断完善相关法律法规和政策措施，加大监管执法力度，增强法治意识和法律素养，为我国民营经济的高质量发展提供更加坚实和有力的法治保障。

三、社会氛围

社会氛围是影响民营经济高质量发展的重要因素之一。它包括社会的整体态度、观念和价值观，以及人们对民营企业的认知和评价。社会氛围对于民营经济的发展有着至关重要的作用，一个开放、包容、支持的社会环境可以为民营企业提供广阔的发展空间和强有力的支持，而一个封闭、限制、排斥的社会环境则会限制民营企业的成长和创新。

（一）明确民营经济的重大贡献和重要作用

明确民营经济的重大贡献和重要作用是营造有利社会氛围的关键。民营经济作为我国经济发展的重要力量，在促进经济增长、增加就业、创新发展等方面都发挥着重要作用。然而，在一些地区和领域，对民营经济仍然存在误解和偏见，认为其只是国有经济的补充，而不是经济发展的重要力量。这种错误观念不仅会影响政策制订和资源分配，也会对民营企业的形象和信誉造成负面影响。

因此，我们需要进行多种形式的宣传和教育，以便更广泛地传达民营经济的重要性。这需要政府、媒体、学术界和社会团体的积极参与。通过这些努力，可以加强公众对民营经济的认知，使更多人了解和认识到民营经济对国家经济发展的不可或缺作用。只有这样，我们才能在全社会形成对民营企业的正确认知，减少对这些企业的误解和偏见，进而为民营企业的发展提供更加稳定的社会环境。

（二）培育尊重民营企业家的舆论环境

培育尊重民营企业家的舆论环境对于民营经济的高质量发展也至关重要。企业家是民营经济发展的重要推动力量，他们的创新精神和冒险精神是促进经济发展的重要动力。然而，在一些地区和领域，企业家的形象和地位仍然存在一些问题，有些人对企业家存在误解和偏见，认为他们是唯利是图的商人，而不是经济发展的重要推动力量。这种错误的观念会影响社会对民营企业家的认可和支持，也会影响他们的创新活力和投资意愿。

因此，倡导一个尊重民营企业家的舆论环境也是塑造良好社会氛围的关键手段。在这方面，媒体发挥着特别重要的作用。我们需要通过各类媒体渠道，包括电视、报纸、社交媒体和在线平台，积极传播民营企业家的成功故事和杰出贡献。这些报道应当详细展示他们的创新精神、市场洞察力和领导能力。通过公开展示这些正面案例，我们可以提高民营企业家在社会中的地位和声誉，鼓励更多的人投身创业和企业发展，进一步激发民营企业家的创新活力，促进民营企业的健康成长，推动民营经济的高质量发展。

（三）支持民营企业更好地履行社会责任

支持民营企业更好地履行社会责任也是营造有利社会氛围的重要方面。民营企业在国家社会中扮演着重要的角色，因此应当积极承担相应的社会责任，为社会的持续繁荣与进步作出积极贡献。然而，不可否认的是，一些地区和领域仍然存在民营企业履行社会责任不足的问题，这导致一些人持有误解，认为民营企业只追求利润而不履行社会责任，这种观点不仅不准确，还会损害企业的声誉和形象。

解决这一问题的关键在于政府引导和政策支持。政府可以通过激励政策和法规来鼓励民营企业积极参与社会公益事业、支持教育事业以及推动环保事业。例如，可以提供税收优惠、贷款支持或奖励措施，以激发企业履行社会责任的积极性。政府还可以与民间组织和慈善机构合作，共同推动社会责任项目的实施，确保资源得到合理分配和有效利用。

另外，加强对民营企业履行社会责任的监督和评估也是至关重要的。政府和相关部门可以建立监管机制，对企业的社会责任履行情况进行定期审查和评估。这不仅有助于确保企业履行社会责任的效果，还可以向公众传递透明和诚信的信息，增强社会对企业的信任感。

第五节　不同地区民营经济高质量发展的优势和潜力分析

一、东部地区

我国东部地区包括北京、天津、河北、山东、江苏、浙江、福建、广东等省份，这是我国经济最发达的地区之一。其经济发展在以下方面具有优势和潜力。

（一）东部地区经济发展的优势

1. 地理位置优势。地理位置优势是东部地区经济发展的重要支撑。位于我国中心位置的东部地区，享有得天独厚的地理优势。其拥有的丰富的海岸线和高密度港口，使得企业能够便捷地进行对外贸易和海外市场开拓。通过陆海空交通的多元化发展，东部地区不仅与其他国内地区联系紧密，更是紧密融入全球经济体系。这使得东部地区成为我国经济对外开放的重要窗口和进行国际合作的重要枢纽。

2. 产业集聚优势。产业集聚优势是东部地区经济繁荣的重要支柱。东部地区城市密集，各种产业集群较为完善，各种产业链条逐步形成。特别是在机械制造、轻工纺织、汽车制造、电子信息、生物医药、化工等行业，东部地区形成了以大型制造业为主导的区域发展优势。这些产业集群的形成，不仅提升了东部地区的生产力水平，还促进了相关产业的技术创新和发展。

3. 人才资源优势。人才资源优势是东部地区经济持续发展的重要保障。东部地区拥有众多优质高校和研究机构，为企业提供了丰富的人才储备。高质量的教育体系和人才培养机制，培养了大批素质高、创新意识强的人才，为企业的科技创新和发展提供了强大动力。同时，东部地区也吸引了许多海外留学人才和归国人才，丰富了人才结构，进一步提升了东部地区的创新能力和竞争力。

4. 投资支持优势。投资支持优势是东部地区经济持续增长的有力支撑。东部地区在税收、金融、土地等方面都具有较大优势和政策支持。政府为了推动东部地区的经济发展，出台了一系列优惠政策，为企业提供了良好的投资环境。特别是在高新技术产业、战略性新兴产业和服务业等领域，对东部地区的投资支持更加显著，吸引了大量的资金和项目涌入，进一步推动了东部地区的经济发展。

5. 开放促进优势。开放促进优势是东部地区经济不断壮大的重要动力。东部地区一直以开放为导向，积极拓展对外合作，加强与国际的经济交流。开放政策的实施和产业化方向的更新换代，使得东部地区企业的业务范围逐渐扩大，外贸和对外投资不断增加，进一步增强了东部地区的经济实力和国际竞争力。

（二）东部地区经济发展的潜力

1. 技术创新和转化。技术创新和转化是东部地区经济发展的重要驱动力。东部地区在科技研发领域具有显著的优势，拥有一批优质高校和研究机构，吸引了大量优秀人才投身科技创新。这为企业的技术创新和转化提供了强大支撑，有望生产出更低成本、更高产值和更优质的企业产品。同时，东部地区承载了我国大量中高端产业和企业，这些企业不断加大对科技创新的投入，通过技术转化和应用推广，推动了企业的持续发展和增长。

2. 消费升级和电商普及。消费升级和电商普及是东部地区经济发展的重要推动因素。随着人民生活水平的提高和消费观念的不断升级，东部地区的市场逐渐成熟化，消费需求也呈现多样化和个性化的趋势。新兴服务业如电子商务在东部地区得到了巨大发展，推动了企业生产和消费端的升级，提高了产品和服务的质量和品质。同时，电商的普及也为企业拓展市场提供了更广阔的空间，进一步扩大了消费市场的规模。

3. 供给侧结构性改革的推进。供给侧结构性改革的推进促进了东部地区产业结构的优化和升级。政府持续推动供给侧结构性改革，通过减税降费、简化行政审批、优化营商环境等措施，激发了市场主体的活力和创造力。东部地区企业在这一背景下，不断进行产业结构的调整和转型升级，推动了企业创新和效率的提升。同时，供给侧结构性改革也推动了对外贸易的多元化合作，加强了东部地区与中西部地区以及海外市场的产业配套和协同发展。

4. 区域协同发展。区域协同发展是东部地区经济发展的重要支撑。东部地区与中西部地区以及海外市场形成紧密的联系和合作网络。东部地区作为国内经济的重要枢纽，承担着中西部地区的产业转移和产品输出。与此同时，东部地区与海外市场也形成了广泛的经贸合作，实现了贸易成功合作和产业基础设施建设。这种区域协同发展的模式，为东部地区经济发展注入了新的动力，进一步推动了区域经济的融合与发展。

总的来说，东部地区经济发展在地理位置、产业集聚、人才资源、政策支持、开放促进等方面具有显著优势和巨大潜力，对我国经济持续稳定发展作出重要贡献。

二、中部地区

我国中部地区作为河南、湖南、湖北、江西、山西和安徽等省份的集合体，是我国的农业大省和重要工业基地。中部地区的经济发展优势与潜力在不断显现，政策支持和改革开放为其发展带来新的机遇。未来，中部地区将继续发挥其独特作用，在全国经济格局中蓬勃发展，为我国经济的繁荣稳定作出更大的贡献。

（一）中部地区经济发展的优势

1. 市场优势。中部地区人口众多，具有巨大的消费潜力。这庞大的消费市场既有本地居民的需求，也吸引了外来人口的消费需求。因此，中部地区成为一个充满活力的经济体，在经济发展中起到了重要的推动作用。

另外，中部地区还是一个与外部贸易紧密相连的重要节点。作为内陆地区的物流中心，中部地区为中部经济的发展提供了有利条件。其便捷的交通网络和完善的物流基础设施使得中部地区成为内外贸易的重要枢纽，促进了市场在中部地区的积极开发。

2. 相对稳定的能源资源供应。中部地区拥有丰富的煤炭资源和水电资源，为中部地区的重要工业基地提供了相对稳定的能源保障。

煤炭作为传统的能源之一，在中部地区得到了广泛开采和利用。这些煤炭资源不仅满足了本地工业的能源需求，还在一定程度上满足了周边地区的能源需求。中部地区的煤炭产业链条完整，包括开采、加工、运输等环节，形成了一个相对稳定的能源供应体系。

另外，中部地区还拥有丰富的水电资源。通过建设水电站，充分利用河流水能，中部地区成功实现了水电资源的有效利用。水电作为清洁能源之一，不仅对环境友好，而且能够为中部地区的工业生产提供稳定的能源支持。水电资源的可再生特点保证了中部地区能源供应的长期稳定性，并且减少了对非可再生能源的依赖。

3. 地理区位优势。中部地区地处我国内陆腹地，位于连接东南、西南、东北和华北等多个区域的交汇点上。这一得天独厚的地理位置赋予了中部地区相对于其他地区的独特优势，使得该地区在发展区域性产业方面具备了良好的条件。

中部地区处于内陆腹地，远离沿海地区的高成本和城市的拥挤。这使得中部地区成为各大城市扩张的重要方向之一，同时也为中部地区提供了更广阔的发展空间。其与东南、西南、东北、华北等区域的便捷连接，使得中部地区成为一个战略性的交通枢纽，促进了人员、物资和信息的流动，为区域经济的发展创造了有利条件。

中部地区的地理区位还使其成为各地资源的集散地。通过与周边区域的紧密联系，中部地区能够充分利用来自不同区域的优质资源，包括原材料、劳动力和技术支持等。这种资源的集聚效应进一步推动了中部地区的产业发展，为区域性产业的形成和壮大提供了有力支撑。

4. 新型互联网商业。中部地区在加速地区经济高速发展的过程中，通过建设大数据中心和推动新型互联网商业和服务业的发展，为经济转型升级提供了强有力的 IT 技术支持。

首先，中部地区积极构建大数据中心，致力于整合、分析和应用海量数据资源。这些大数据中心不仅能够存储和管理大量的数据，还具备强大的计算能力和智能化的数据处理技术。通过运用先进的数据分析算法和人工智能技术，中部地区能够深入挖掘数据潜力，实现对各个领域的精准洞察，从而为企业和政府决策提供有力支撑。

其次，中部地区积极发展新型互联网商业和服务业。借助互联网技术和创新的商业模式，中部地区培育和壮大一批具有竞争力的互联网企业。这些企业涵盖电子商务、在线教育、数字娱乐、人工智能等领域，为中部地区的经济发展注入了新的活力。同时，中部地区也积极推进"互联网＋政务""互联网＋医疗"等服务领域的创新，提升了社会服务的效率和质量。

通过建设大数据中心和发展新型互联网商业和服务业，中部地区有效利用了信息技术的力量，加速了经济的高速发展。这一系列措施不仅为中部地区带来了新的经济增长点，也为企业提供了更多的发展机遇。同时，这也为中部地区打造数字化、智能化的经济体系奠定了坚实基础，提升了中部地区的竞争力和影响力。随着新型互联网商业和服务业的不断壮大，中部地区的经济前景将更加光明，为全国的经济发展贡献更大的力量。

5. 政策支持。在实施新发展理念、加强政策支持方面，中部地区政府的推动起到了重要作用。通过积极引导和扶持新发展理念的实施，以及出台有针对性的政策，党和政府为促进产业运营和经济发展创造了良好的环境。这些政策的推动不仅有利于吸引投资、促进企业发展，也为中部地区经济的持续增长提供了有力支持。随着政府政策的不断完善和落实，中部地区将进一步释放潜力，实现更加稳定和可持续的经济发展。

（二）中部地区经济发展的潜力

1. 改革提速。中部地区为了适应新时代经济发展的要求，以提高竞争力和可持续性为目标，通过加大改革力度、调整经济结构并拓宽经济发展空间，正不断释放着其巨大的经济发展潜力。

中部地区积极推进经济体制改革。通过深化行政审批制度改革、简化审批流程和优化营商环境等措施，中部地区打破了过去的体制束缚，提升了市场活力和经济效率。同时，中部地区还加大了对国有企业改革的力度，鼓励企业转型升级，提高市场竞争力。这些改革举措不仅为中部地区提供了更加灵活和开放的发展环境，也为企业创新和发展提供了更多的机遇。

中部地区积极调整经济结构，注重产业升级和转型发展。通过引导传统产业向高端制造、现代服务业和文化创意等领域转型，中部地区不断提升产业附加值和竞争力。与此同时，中部地区积极推动新兴产业的发展，重点发展数字经济、生物医药、新能源等高科技产业，拓宽了经济发展的新空间。这种结构调整不仅为中部地区注入了新的发展动力，还为区域经济的可持续发展奠定了坚实基础。

2. 环保产业的发展。中部地区积极加强环保产业的发展，推动产业结构调整，进一步加大节能减排力度，以达到更高水平的环保产业发展。

通过制订相关政策和措施，中部地区鼓励和引导企业投资兴办环保产业项目，如大气治理、废物处理、水资源利用等领域的项目。同时，中部地区积极促进环保科技研发和创新，推动环境监测、污染治理技术等方面的突破和应用。这些举措有助于提升中部地区环保产业的技术水平和市场竞争力。

另外，中部地区注重产业结构的调整与升级。通过淘汰和整合污染严重的传统产业，中部地区产业逐步转向生态友好型产业，同时，中部地区将环保产业置于产业链的核心位置。在此过程中，中部地区提供了一系列优惠政策和支持措施，如减税、补贴、土地使用等方面的支持，以吸引更多企业参与环保产业，并推动产业链的完善和扩大。这种产业结构的调整不仅有利于降低污染物排放，改善环境质量，还为中部地区经济的可持续发展打下了坚实基础。

通过加强环保产业的发展、推进产业结构调整和加大节能减排力度，中部地区努力达到更高水平的环保产业发展。这不仅有助于改善中部地区的环境状况，提升居民生活质量，也为经济发展注入了新的动力。同时，中部地区的环保产业发展还对全国范围内的环境治理起到示范作用，为构建生态文明和可持续发展的中国作出积极贡献。中部地区环保产业的不断壮大，将为中部地区经济注入更多活力，实现绿色发展与经济增长的良好平衡。

3. 农业现代化的推进。通过加大科技投入和研发力度，中部地区鼓励农民采用现代农业技术和管理模式，提高耕作、种植、养殖等环节的效率和质量。同时，中部地区还注重培育农村科技人才队伍，加强科技与农业的结合，推动科学技术在农业生产中的应用，以提升整体的农业生产能力。

除此之外，中部地区还着力发展农产品加工产业。通过加强农产品的深加工和精细化加工，中部地区将农产品转化为高附加值的农副产品，延伸拓展了农业产业链。同时，中部地区积极推进农产品的品牌建设和市场拓展，加强农产品的营销渠道开发和品牌推广，提高产品的附加值和竞争力。现代农产品加工产业的发展不仅为中部地区农民增加了收入来源，也为农产品的质量和安全提供了有力保障。

总体而言，中部地区正积极推进农业现代化的进程，旨在提高农业生产效率和产品质量，加强农产品加工产业的发展，以实现农业经济效益和可持续发展水平的显著提升。通过技术创新与升级，中部地区提升了农业生产能力和质量标准；通过农产品加工产业的发展，中部地区实现了农产品附加值的提升和市场竞争力的增强。这些举措不仅促进了中部地区农民收入的增加，也为中部地区乡村振兴和农业可持续发展奠定了坚实基础。随着农业现代化战略的深入推进，中部地区将迎来更加繁荣和可持续发展的农业经济。

4. 人口有效流动。随着中部地区集聚效应的不断加强，人口数量与素质优势相互叠加，这对于中部地区的经济发展产生了积极而深远的影响。中部地区正在经历着人口流动的快速增长，这进一步加速了区域消费能力的提升，也提高了中部地区市场的活力和升级的能力。

首先，中部地区作为一个具有较高吸引力的经济区域，不断吸引外来人口的涌入。人们纷纷选择来到中部地区寻求更好的工作机会、更高的生活品质和更广阔的发展空间。这种人口流动带来了新的思想观念、技术专长和创新能力，为中部地区注入了新鲜血液和活力。这些人口的涌入形成了多元化的社会结构，促进了知识和经验的交流，推动了中部地区的经济腾飞。

其次，中部地区注重人才培养和引进，提高人口素质水平。通过加大教育投入和改革创新，中部地区培养了大批高素质的专业人才和技术工人。同时，中部地区还积极引进国内外优秀的人才资源，他们为中部地区的经济发展注入新的智慧和动力。这种人才的涌入和培养提升了中部地区的创新能力和竞争力，推动了产业结构的升级和转型。

中部地区人口有效流动对于经济发展起到了至关重要的作用。人口流动的快速增长加速了区域消费能力的提升，促进了中部地区市场的活力和升级的能力。外来人口的涌入带来了新的思想观念和技术专长，为中部地区的经济发展注入了新鲜血液；而人才培养和引进则提高了中部地区的人口素质水平，推动了创新能力和竞争力的提升。随着人口流动继续加速，中部地区将进一步释放其巨大的经济发展潜力，并实现更加稳定和可持续的经济增长。

综上所述，中部地区经济发展在市场优势、稳定的能源资源供应、地理区位优势、互联网商业、政策支持等方面具有显著的优势，随着改革提速、环保产业加强、农业现代化推进和人口有效流动等方面的潜力释放，中部地区经济发展的前景十分广阔。

三、西部地区

我国西部地区，涵盖西藏、青海、新疆、甘肃、宁夏、陕西、重庆、四川、云南等省份，被誉为我国的重要农业和资源开发基地，在经济发展方面具备独特的优势和巨大的潜力。其丰富的自然资源、人口红利和劳动力资源的优势，以及不断完善的基础设施建设，为西部地区的经济发展提供了有力保障。随着政府的支持和社会投资的增加，相信西部地区的经济将迎来更加繁荣和可持续发展的未来。

（一）西部地区经济发展的优势

1. 资源优势。西部地区是我国资源富集的宝地，其地下蕴藏着丰富的矿产资源，如煤炭、铁矿石、铜、锌等，这些宝贵的矿产资源为西部地区的能源、冶金、化工等行业提供了得天独厚的发展条件。尤其是煤炭资源，在西部地区占有重要地位，被誉为"黑色黄金"，在国家能源安全和工业发展中发挥着不可替代的重要作用。

同时，西部地区还拥有丰富的可再生能源资源，如风能、太阳能和水能等，这些资源的开发利用，将为西部地区实现绿色发展、可持续发展提供广阔的前景。清洁能源的推广将有助于减少环境污染，降低对传统能源的依赖，推动西部地区的能源结构优化，实现经济和生态的双赢。

不仅如此，西部地区还拥有丰富的水资源，包括河流水资源和地下水资源，这些宝贵的水资源为农业灌溉、工业用水和城市供水等提供了稳定的保障。水是生命之源，而西部地区的水资源对于当地的农业生产和人民的生活至关重要，也为西部地区经济社会的发展奠定了坚实的基础。

可以说，西部地区因其资源优势而成为我国经济发展的重要支撑点，其潜力和活力吸引着各方力量纷纷涌入，投身于西部地区的建设与发展。然而，在充分利用资源优势的过程中，也需要关注可持续发展，加强环境保护，确保资源的长期利用，为西部地区的繁荣稳定注入源源不断的活力。

2. 产业优势。西部地区作为我国经济发展的重要支柱，早已在多个领域形成了独具优势的产业格局，其中包括农业、草原畜牧业、煤炭、石油、电力、钢铁、化工、冶金等领域。这些优势产业的蓬勃发展不仅为当地经济增添活力，也为全国经济的稳定增长贡献着力量。随着科技的不断进步和市场的不断开拓，西部地区产业正在迎来全新的升级和转型，这将进一步发挥其产业优势，引领西部地区经济走向更加繁荣昌盛的未来。

农业作为西部地区的传统支柱产业，一直以来在这片土地上扮演着不可替代的角色。西部地区拥有广袤的耕地和适宜农作物种植的气候条件，为农业的发展提供了得天独厚的自然优势。大豆、小麦、棉花等在西部地区种植和生产的农产品成为国内外市场的重要供应来源，推动着农村经济的蓬勃发展。同时，现代农业技术的引入和农业产业链的优化，也为西部地区农业的可持续发展奠定了坚实基础。

草原畜牧业是西部地区的又一支重要产业。西部地区的广袤草原为牧业的发展提供了宝贵的资源。牛羊养殖业在这里蓬勃兴起，成为当地农民的重要收入来源之一。而且，随着科技的应用，畜牧业也在不断升级，推动着畜牧业向着规模化、智能化和绿色化方向发展。这不仅有助于提高畜牧业的生产效率和产品质量，也符合现代社会对于绿色、可持续发展的需求。

煤炭和石油是西部地区的重要能源产业，西部地区拥有丰富的煤炭和石油资源。这些资源在满足当地经济发展需求的同时，也为全国的能源供应提供了重要支持。随着全球环保意识的提升和可再生能源的崛起，西部地区正在加快能源结构调整，推动能源产业的转型升级，以更加环保、高效的方式满足能源需求。

电力、钢铁、化工和冶金等行业作为基础产业，在西部地区也占据着重要地位。电力工业的发展推动着西部地区的工业化进程，为各类工业提供稳定可靠的电力供应。钢铁、化工和冶金等行业的发展不仅满足了国内市场的需求，还在一定程度上参与了国际市场的竞争。随着科技进步和创新的不断推进，这些产业将继续发挥重要作用，并在转型升级中找到新的发展路径。

总的来说，西部地区经济发展的产业优势不断凸显，其多样化的优势产业相互交织，形成了协同发展的局面。在国家政策的支持下，西部地区将进一步加大产业升级和转型升级的力度，充分发挥其产业优势的潜力，为西部地区经济的可持续发展注入新的动力，为国家经济增长注入源源不断的活力。

3. 地理位置优势。西部地区在经济发展中拥有得天独厚的地理位置优势，这主要归功于它与中亚、南亚和东南亚诸多国家毗邻的地理位置。这种亲近的地理接触为西部地区带来了丰富的交通资源，使其成为一个重要的区域中转和交流枢纽。特别是在"一带一路"倡议的推动下，更加凸显西部地区的战略地位。

首先，西部地区与中亚地区的边界紧密相连，使得跨境贸易和物流运输变得便捷。这为两地的商品互通打开了便利之门，促进了经济合作的深入发展。中亚国家以丰富的石油、天然气等资源为支撑，而西部地区则拥有发达的制造业和消费市场，因此双方的经济互补性显著，双边贸易呈现持续增长的势头。

其次，西部地区与南亚和东南亚国家相互交错，形成了一个综合交通网络。陆路和海路相结合，使得各国之间的贸易合作更加紧密。西部地区港口的发展，使得南亚和东南亚的商品可以经由陆路、海路直接进入内地市场，而西部地区的产品也能更加便捷地出口到南亚和东南亚市场。这种地理优势为跨国企业在西部地区建设生产基地提供了便利，同时也为西部地区打造区域性物流中心提供了有力支撑。

此外，西部地区的地理位置也在"一带一路"倡议中扮演着举足轻重的角色。作为重要的连接枢纽，西部地区成为"一带一路"经济走廊中不可或缺的一环。中国政府积极支持和鼓励西部地区参与"一带一路"建设，通过加强基础设施建设、提升通关效率等措施，进一步提升西部地区的国际竞争力。

4. 外商投资优势。西部地区在经济发展方面拥有引人注目的外商投资优势。这一优势主要得益于西部地区加强与国际市场的互联互通，以及对外开放政策的积极推进。通过积极吸引外国企业和投资者的参与，西部地区得以实现经济的跨越式发展，同时也促进了跨国合作的深入推进。

首先，西部地区在加强与国际市场的互联互通方面取得了显著成效。随着全球经济一体化的加速推进，西部地区积极拓展对外开放，建设了一批现代化的国际交通枢纽和陆海联运通道，使得西部地区与世界各国更加紧密地连接在一起。这为外国企业进入西部地区提供了便利，也为西部地区的产品出口创造了更加有利的条件。外商投资者看中了这一便利的国际交通网络，纷纷涌入西部地区投资兴业。

其次，西部地区坚持对外开放政策，大力优化投资环境，为外商投资创造了良好的条件。通过减少外商投资的准入门槛、优化营商环境、提供更加优惠的税收政策等措施，西部地区吸引了众多外国企业的目光。这些外商投资者认识到西部地区的巨大潜力和广阔市场，纷纷选择将投资目标转向这片热土。同时，西部地区还积极与其他国家和地区签订双边和多边贸易协定，加强经济合作，为外商投资提供了更多机遇和保障。

另外，西部地区丰富的资源和劳动力成为吸引外商投资的重要因素之一。拥有丰富的自然资源和人力资源是西部地区在国际市场竞争中的独特优势。对于一些资源密集型和劳动密集型产业来说，外商投资者看中了西部地区的优势，纷纷将产业转移到这里，以利用这些资源实现更高的产值和利润。

5. 政府政策支持优势。西部地区在经济发展中获得了政府政策支持的优势。为了推动西部地区的大开发，政府采取了一系列积极的政策和措施，旨在加快资源开发、产业升级以及西部地区经济的全面发展。

政府对西部地区的支持体现在加大投资力度上。意识到西部地区发展的重要性后，政府相继出台了一系列投资政策，将资金投入西部地区的基础设施建设、资源开发和环境保护等方面。这些资金的注入为西部地区打造了一系列现代化的基础设施，如高速公路、铁路、机场等，有效缩短了西部地区与其他地区的距离，促进了区域间的互联互通。同时，政府对西部地区进行了资源整合和优化配置，为资源开发和利用提供了坚实的基础。

政府在税收和财政政策方面对西部地区给予了特殊的支持。为了吸引更多的投资和企业前来西部地区发展，政府实施了一系列税收优惠政策，如减免企业所得税、免征土地使用税等。这些优惠政策使得企业在西部地区的成本得到降低，增加了其投资意愿。同时，政府还通过财政资金的补贴和支持，鼓励西部地区培育新兴产业和高新技术企业，推动产业升级和经济转型升级。

政府在人才引进和人力资源开发方面也发挥了重要作用。为了满足西部地区发展对人才的需求，政府积极采取措施吸引高素质人才来到西部地区工作和生活。例如，推出了人才引进计划，提供各种优惠政策和待遇，为西部地区的企业和科研机构引进了一大批优秀人才。同时，政府还加大对教育和培训的投入，提升本地人才的综合素质，为地区经济的可持续发展提供了坚实的人力资源支持。

综上所述，西部地区经济发展的政府政策支持优势体现在加大投资力度、实施税收和财政优惠政策，以及引进和培育人才等方面。这些政策和措施的有力推动使得西部地区经济发展取得了长足进步，为实现西部大开发的目标打下了坚实的基础。随着政府不断加大对西部地区的支持和投入，相信西部地区的发展前景将会更加光明，为全国经济的持续繁荣作出更大的贡献。

（二）西部地区经济发展的潜力

1. 服务业的发展。西部地区作为一个巨大而充满活力的区域，其服务业正处于蓬勃发展的阶段。随着经济不断发展，西部地区已经开始逐渐转向以服务业为主导的经济模式，这将为整个地区创造更多广阔的发展机遇。

首先，西部地区在金融服务领域具备着巨大的发展潜力。随着经济的蓬勃发展，企业和个人的资金需求日益增加。因此，加大对金融服务业发展的支持力度，培育金融机构和金融产品创新，将为西部地区提供更加多元化和灵活的资金支持，助力企业扩大规模，推动产业升级，促进经济发展。

其次，旅游业是西部地区另一个极具潜力的服务领域。西部地区拥有得天独厚的自然风光和丰富的历史文化资源，吸引着越来越多的游客前来观光和度假。政府和企业可以进一步加大对旅游基础设施的投资，提升旅游服务质量，打造更多具有地方特色的旅游产品和线路，从而吸引更多游客前来消费，推动旅游业的快速发展。

此外，数字经济是当下全球经济发展的重要趋势，西部地区也不例外。随着互联网和数字技术的不断普及，西部地区逐渐步入数字时代。政府可以加强数字基础设施建设，推动数字经济的发展，培育数字产业，加速数字化转型。数字经济将为西部地区带来新的增长点和竞争优势，为地区经济的多元化发展打下坚实基础。

2. 医药产业的发展。西部地区作为一个资源丰富的地区，特别是在生物资源方面，为发展医药产业提供了得天独厚的优势。这使得医药产业在西部地区具备着广阔的发展空间和巨大的发展潜力。

西部地区生物资源的丰富度为医药产业提供了坚实的基础。在这片热土上，生长着许多珍贵的中草药、药用植物和野生动植物，这些都是药物研发和生产的重要原材料。充分利用当地的生物资源，可以开发出更多具有地方特色和使用传统药材的新药，为西部地区的医药产业增添新的活力。

西部地区发展生物医药产业有助于推动科技创新和产业升级。现代医药产业与生物技术、信息技术等高新技术密切相关，这正是西部地区科技创新的新方向。政府和企业可以加大对生物医药产业的科研投入，培育更多的高端人才和科研团队，加快科技成果转化，推动医药产业向高端、智能化、数字化方向发展，提升整个地区的产业水平。

西部地区发展医药产业也将为地区经济带来新的增长点。医药产业作为一个支柱产业，具有良好的经济效益和就业带动能力。在西部地区，大力发展医药产业，不仅可以带动相关产业链的发展，还可以吸引更多的投资人和企业前来投资兴业。这将为西部地区创造更多的就业机会，提升居民的收入水平，推动地区经济的快速增长。

3. 城市化进程的加快。随着城市化的持续推进，西部地区的城市化率仍然具有很大的提升空间，这将为区域经济发展带来新的动力和机遇。

城市化是现代化进程中不可或缺的重要组成部分。在西部地区，城市化进程已经在持续加速。越来越多的人涌入城市，寻求更好的生活和发展机会。这种城市化的趋势为西部地区带来了独特的机遇。首先，城市化加速了劳动力集聚，形成了更加庞大的人口红利。这使得西部地区在劳动力资源方面具有明显的优势，吸引了众多企业前来投资兴业，推动了产业的快速发展。其次，城市化带动了城市建设的需求，推动了基础设施和房地产等领域的持续繁荣。城市化不仅推动了西部地区城市的发展，也带动了周边乡村地区的脱贫和经济发展。

然而，尽管城市化进程在西部地区已经取得了一定的成就，但仍面临着一些挑战。城市化率相较于东部地区还有明显的差距，城市化进程还需持续加快。为了充分释放城市化红利，西部地区需要继续加大对城市化的支持力度。政府可以加大城市基础设施建设投入，提高城市公共服务水平，提升城市吸引力,进一步吸引人才和资本向城市聚集。同时,也需要加强城市规划和管理,避免城市发展中出现资源浪费和环境污染等问题,实现可持续城市发展。

城市化不仅是经济发展的重要推动力,也是改善人民生活质量的关键因素。通过城市化,西部地区可以为居民提供更多的就业机会、教育资源、医疗服务和文化娱乐等公共服务,提高居民的生活水平和幸福感。同时,城市化也将带动消费市场的扩大,激发消费潜力,进一步促进经济的持续健康发展。

综上所述,西部地区经济发展的潜力之一在于城市化进程的加快。随着城市化的加速推进,西部地区将拥有更大的城市化率提升空间,这将为区域经济发展带来新的动力和机遇。政府和社会各界需要共同努力,加大对城市化的支持和投入,实现城市化与经济发展的良性互动,让城市化进程成为西部地区实现可持续发展的重要引擎。

4. 开放型经济模式。为了实现经济的长期可持续发展,西部地区不仅在积极推进各类经济体制改革,还着眼于开拓国际市场和提升企业创新能力,以此推动开放型经济模式的发展。

首先,西部地区正积极进行各类经济体制改革。这些改革旨在打破原有的体制束缚,促进市场经济的健康发展。通过深化企业改革、市场化改革、财税改革等措施,西部地区正在加快推进经济的转型升级,培育新的发展动能。这些改革举措为开放型经济模式的形成提供了坚实基础。

其次,西部地区注重开拓国际市场,主动融入全球经济体系。西部地区充分利用"一带一路"倡议等国际合作平台,积极开展与国外的贸易合作和投资合作。通过加强与国际市场的连接,西部地区可以更好地参与全球资源配置,吸引更多外来资金和技术,实现资源优势与市场优势的有机结合,推动经济的国际化进程。

同时,西部地区还重视培育企业的创新能力。创新是开放型经济模式的核心要素之一。政府加大对科技创新的投入,推动科技成果转化为生产力,激发企业的创新活力。此外,西部地区还鼓励企业加强技术引进和技术输出,与国内外企业建立更加紧密的合作关系,为企业的创新提供更多支持和动力。

综上所述,西部地区拥有巨大的经济发展潜力。发展服务业,特别是金融服务和旅游业，培育医药产业，加速城市化进程以及构建开放型经济模式，将为西部地区创造更多广阔的发展机遇，实现经济的可持续发展。政府和社会各界应共同努力，加大对这些潜力的支持和投入，使其成为西部地区实现可持续发展的重要引擎。

四、结论与启示

我国民营经济发展迅速，已经成为我国经济发展的重要支柱。然而，民营企业目前面临许多问题和挑战，如制度不完善、融资难等。因此，要实现民营经济的高质量发展，需要政府和企业共同努力，充分发挥市场机制的作用，优化资源配置，提高单位资源产出率，同时加强创新能力和自主品牌建设，打造竞争优势，这样才能使我国的民营企业得到快速发展。我们分别从以下几个方面来具体展开。

1. 拓宽民营经济的融资渠道。拓宽民营经济的融资渠道可以通过多种方式来实现。首先，政府可以加大对民营企业的扶持力度，提供更为宽松的政策和优惠措施，如减免税费、优惠贷款等。其次，银行可以为民营企业推出更多创新性的金融产品，满足企业的具体融资需求。另外，各类股权融资如IPO、债券融资、私募股权基金等，也是拓宽民营经济融资渠道的重要手段，在提高企业融资能力的同时，也有助于增强企业的透明度和市场竞争力。最后，发展包括众筹等在内的互联网金融也是一个可行的途径。互联网金融的创新性和灵活性远远高于传统金融，可以满足民营企业融资的具体需求，有望成为未来民营企业融资的重要来源之一。

2. 优化政策环境。优化民营经济发展的政策环境，我们可以从以下几个方面入手：第一，加强政策宣传和引导，提高社会对民营经济的认知和理解，增强政策效果。第二，建立完善的法律法规体系，规范民营企业的市场行为，为企业提供稳定可靠的发展环境。第三，加强政府服务，打破行政壁垒，为企业创造更加便利的营商环境，降低企业的运营成本。第四，促进财税支持，为民营企业提供更为优惠的税收政策和财政补贴，减轻企业的经济压力。第五，加强人力资源培育，提升民营企业的管理和技术水平，促进企业自身的可持续发展。以上措施结合起来，可以促进民营经济的发展，为其打造一个良好的发展环境，进而推动中国经济的长期稳定和协调发展。

3. 加强技术创新。民营企业应该加强技术创新，在自主研发、技术引进等方面下功夫，提高企业核心竞争力，促进企业发展。第一，加大科技创新资金的投入，并且建立完善的融资体系，为民营企业提供更充裕的资金保障，鼓励企业在技术创新方面大胆探索，提升企业的核心竞争力。第二，加强创新人才队伍的培养和引进，鼓励企业加强人才培养，进行技术人才引进，并建立包容性强、创新氛围浓厚的企业文化。第三，加强与高校、科研院所的合作，拓展技术创新渠道，促进企业与科研机构的深度合作，共同探索前沿技术，优化产品研发。第四，完善知识产权保护制度，加强知识产权的保护和运用，为企业技术创新提供更大的利益保障。第五，加强行业协同创新，鼓励企业之间进行技术创新的合作交流，共同推动行业技术水平的提升。以上措施结合起来，可以加强民营企业的创新能力，为企业发展提供更加坚实的技术基础，推动中国经济的创新驱动和协调发展。

4. 发挥企业家精神。民营企业家应该发扬企业家精神，勇于担当、敢于创新，加强自我提升和职业素养的培养，推动德才兼备的企业家队伍建设。要发挥企业家精神，首先，需要树立创新意识，不断探索新机会，挖掘市场需求，不断研发新产品，提升企业核心竞争力。其次，需要具备实践能力，勇于承担风险并善于运用资源，通过巧妙的组织管理和市场营销手段来实现企业发展战略。最后，应该具备敏锐的市场洞察力，抓住市场的变化和发展趋势，及时调整战略和方向，从而保持市场的领先地位。此外，企业家要具备强烈的社会责任感，积极回馈社会，推动社会价值创造，为社会作出贡献。综上所述，发挥企业家精神需要具备多方面的能力和素质，通过不断探索和实践，才能实现企业的可持续发展和社会价值的不断提升。

综上所述，政府应该优化民营经济发展环境，提高经营效益和创新能力，民营企业应该加强创新能力，自我完善，为经济发展作出更多的贡献。只有政府和企业共同努力，才能实现我国民营经济高质量发展的目标。

第五章

新发展理念下福建省县域民营经济高质量发展经验借鉴——晋江经验

2023 年 7 月 19 日,《中共中央 国务院关于促进民营经济发展壮大的意见》将"不断创新和发展'晋江经验'"写入文件之中,引发全国民营经济人士热烈反响。2002 年,时任福建省省长的习近平提出了以"六个始终坚持"和"正确处理五大关系"为主要内涵的"晋江经验"。① 2023 年 7 月 19 日发布的《中共中央 国务院关于促进民营经济发展壮大的意见》指出:不断创新和发展"晋江经验",及时总结推广各地优秀经验和做法,对行之有效的经验做法以适当形式予以固化。"晋江经验"起源于中国式县域现代化探索之路,体现了习近平总书记关于发展民营经济的基本思路,是习近平新时代中国特色社会主义思想的重要实践来源之一。

第一节 "晋江经验"的形成和发展

晋江作为全国县域经济发展的佼佼者,"晋江经验"是其人民在改革开

---

① 尹力. 弘扬"晋江经验"促进民营经济高质量发展 [N]. 人民日报,2022 – 08 – 19 (11).

放浪潮中不断探索、发展和深化的智慧结晶。它不仅对福建省县域经济的发展和全省经济社会的进步产生了深远的影响，更为全国改革开放事业和全面建设小康社会提供了宝贵的借鉴和指导。这一经验不仅体现了晋江人民的创新精神和实践智慧，也为其他地区提供了可借鉴的发展模式和路径。

一、"晋江经验"提出背景

坐落在福建东南沿海的晋江，历来肩负着关键的海防使命，其经济增长一直相对缓慢。然而，随着改革开放的兴起，晋江迎来了重要的发展契机，乡镇企业也跻身经济舞台。

（一）晋江改革开放走上快车道

作为闻名遐迩的侨乡，晋江长期秉持着久远的出海谋生传统，其中一项习俗是将钱款寄回家中来维持家庭生计。这种习俗自古就根深蒂固，在晋江农村逐渐演变成了被称为"三闲"的现象（闲散资金、闲散劳动力、空闲民房），为晋江经济的起步奠定了重要物质基础。

1983 年，时任中共福建省委第一书记项南主持召开的晋江会议上，强调了集资经营企业应以"社"为主导，而非"资"。这种独特的经营模式被誉为福建农村的一大亮点，并期望能在全省范围内得到推广。1984 年，晋江县委县政府进一步激发群众的创业热情，鼓励他们合资或独立创办企业。鉴于当地资源有限，这些政策突破了传统的"三就地"（就地取材、就地加工、就地销售）限制，鼓励探索"市场—技术—原材料"的新路径。在这些政策的推动下，合伙企业迅速崛起，成为乡镇经济的重要支柱。与此同时，海外的晋江籍企业家也敏锐地捕捉到改革开放带来的机遇，纷纷回到家乡投身工业发展。在党和政府政策的支持下，加上晋江人民敢于拼搏、勇于创新的精神，晋江的经济迅猛发展。晋江经济作为一个典型的成功范例，为全国县域经济发展提供了宝贵经验和有益启示。

（二）晋江发展的比较优势

在遵循比较优势理论的指导下，晋江的发展路径侧重于根据本地资源基础发挥各项优势，特色县域经济逐渐成形。晋江通过制定相应政策，引导企业根据自身比较优势选择合适的产业、产品和技术，从而提高了企业的竞争力和资本回报率。那么，晋江的比较优势究竟体现在哪些方面呢？首先，晋江因其悠久的历史而在福建拥有独特地位，改革开放发展不仅受历史文化传承的影响，还得益于地理位置优势，实现了多方面因素的共同作用。其次，改革开放初期，晋江人充分利用侨乡优势，与海外其他国家互联互通，学习先进产业管理经验，发展技术和生产力，凭借大量相对廉价劳动力按照比较优势发展劳动密集型产业，从而带动人民就业，提高人民收入，实现了快速资本累积。

（三）晋江对民营经济的保护

在 20 世纪 80 年代中期，晋江县委展现出坚定的决心，积极推动和支持乡镇企业借助科技进步研发新产品，以实现规模化发展。然而，1989 年，中央政府为调整经济秩序，实施了一系列整顿治理措施，晋江的决策层深入分析形势，及时推出了一项新政策，即在乡镇企业中实施按劳分配和股金分红制度，同时为被视为集体企业的单位保留一定比例的税收利润作为公共积累，确保它们能够享有应有的权益。这一政策不仅为集体企业注入了新的活力，也极大地增强了农民企业家的信心，消除了他们的担忧。在这一关键时期，晋江决策层的明智决策和正确政策导向，确保了乡镇企业能够稳步前行，为晋江经济的持续繁荣奠定了坚实的基础。这一经验也充分证明了，在面对困难和挑战时，坚定的决心、智慧的决策和正确的政策导向，是推动经济发展的重要保障。

（四）经济理论界对晋江发展的总结

到 20 世纪 80 年代末，晋江已经发展为一个重要的生产基地，涵盖了服装、鞋帽、日用品等多元化商品，并成功打开了国内外市场，形成了别具一格的发展模式。1992 年，晋江晋升为地级市后，其生产总值以每年近 30%的速度持续增长。到了 1994 年，晋江已经成为福建省县域经济的领头羊，成为全省学习的榜样。"晋江模式"与苏南模式、温州模式和珠江模式相比，特色鲜明，它以市场为导向，注重股份合作制和外向型经济的发展，推动多种经济成分和谐共生。晋江县域经济的辉煌成就引起了经济理论界的广泛关注，使其与其他经济模式并列为中国农村发展的"四大经济模式"之一。

随着时代的进步，"晋江模式"和其他经济模式在融合中展现出新的活力，同时也呈现出更加细分的趋势。以民营经济为支柱的晋江县域经济发展经验，为中国县域现代化道路的探索提供了宝贵的实践案例，其成功经验在中国农村发展中具有举足轻重的引领和示范作用。

二、"晋江经验"形成与发展

习近平同志在福建工作期间,高度重视晋江发展,总结提出以"六个始终坚持"和"正确处理好五大关系"为主要内容的"晋江经验"。[①] 这一经验充分体现了习近平同志敢于改革、勇于创新的务实作风,同时凸显了他对民营经济发展的极度重视。

(一)对晋江发展的总结和提炼

在对晋江发展的调研中,习近平同志指出,尽管泉州的所有县都在借鉴"晋江模式",但在这个过程中各地都形成了自己的发展特色,而非简单照搬晋江的原有模式。并且他进一步指出,模式往往具有一种固定的框架,而晋江的发展实践仍在继续,经验不断成熟、完善和发展。因此,将其称作"晋江经验",更符合晋江这些年走过的道路和付出的努力,也更符合对未来更好发展、更快前进的期待。

(二)"晋江经验"的基本框架和开放体系

2002 年 8 月 20 日,《人民日报》发表了习近平同志署名的文章《研究借鉴晋江经验 加快县域经济发展——关于晋江经济持续快速发展的调查与思考》。在该文章中,将"晋江经验"总结为市场导向、顽强拼搏、诚信发展、本地优势和服务型政府五个启示。而在 2002 年 10 月 4 日,《福建日报》也刊登了习近平同志署名的文章《研究借鉴晋江经验 加快构建三条战略通道——关于晋江经济持续快速发展的调查与思考》,进一步总结了"晋江经验"中"六个坚持"的原则:始终坚持以发展社会生产力为改革和发展的根本方向。坚持以市场为导向发展经济。在顽强拼搏中取得胜利。以诚信促进市场经济的健康发展。立足本地优势和选择符合自身条件的最佳方式加快经济发展。加强政府对市场经济发展的引导和服务。

同时,习近平同志还强调,在"晋江经验"的发展过程中必须正确处理好五大关系:正确处理做大做强企业与发展中小企业的关系。正确处理发展传统产业与发展高新技术产业的关系。正确处理资源配置和加强整合的关系。正确处理工业化、城市化的关系。正确处理服务与引导的关系。

---

① 尹力. 弘扬"晋江经验"促进民营经济高质量发展 [N]. 人民日报,2022 – 08 – 19 (11).

（三）"晋江经验"来自实践、指导实践

经过 20 多年的实践，"晋江经验"在晋江的经济建设和社会发展中发挥了重要作用，取得了显著的突破。这一经验在传承和实践中持续焕发出新的生机和活力，成为了促进福建地区县域经济和民营经济迅猛发展的关键所在。同时，"晋江经验"在全国范围内得到了广泛的推广和应用，不断丰富和完善，成为了推动改革开放向纵深发展、促进经济高质量增长的重要典范。这一经验的成功实践，不仅为晋江地区带来了经济繁荣，也为其他地区提供了可借鉴的宝贵经验。

第二节　"晋江经验"的内涵和意义

"晋江经验"的核心理念是将解放和促进生产力作为首要目标，以改革和创新作为主要推动力量，以市场为导向来确定发展方向，以保持实业经营作为独特特色，以诚信视为经营的重要内涵，并将积极主动、自觉实践共同富裕理念视为核心价值观。这一宝贵经验发源于晋江，在福建省及其周边地区广为传播，已成为中国特色社会主义道路上民营经济实现高质量发展的重要指引。习近平总书记对"晋江经验"的坚持和推进，为中国经济的繁荣发展和民营企业的兴旺壮大提供了有力支持。这一经验的影响不断扩大，为全国各地的发展提供了重要借鉴和启示。在未来的发展中，我们应当继续坚持"晋江经验"的精髓，不断创新发展模式，为实现中华民族伟大复兴的中国梦贡献更大力量。

一、"晋江经验"是习近平经济思想的重要实践源泉

"晋江实践"为习近平经济思想的形成提供了丰富的案例，并创造了必备条件。在"晋江实践"中，"两个毫不动摇""内在要素""自己人"等关键观点被充分体现和确认。其中，"六个始终坚持"逐渐演变为习近平经济思想中的"七个坚持"。另外，"始终坚持加强政府对市场经济发展的引导和服务"也与习近平总书记对政商关系的"亲""清"要求保持一致，进一步发展为党的十八届三中全会所提出的"让市场在资源配置中起决定性作

用,同时更好发挥政府作用"的重要决策。

"晋江实践"不仅精准地勾勒了民营经济从起步初期的艰难到逐步壮大的发展历程,更代表了我国社会主义市场经济发展道路的探索与积极实践。这一宝贵经验在新时代全面推进中国式现代化建设和实现中华民族伟大复兴的历史进程中,具有重要的理论价值和实践指导意义。它为我们建设和完善中国特色社会主义市场经济体制,以及推动经济发展方式的转变,提供了宝贵的经验借鉴和深刻的启示。

在习近平总书记的领导下,我们应当继续推进"晋江经验"的创新与发展,将其与习近平经济思想相结合,为实现中华民族伟大复兴的中国梦贡献更大力量。通过不断总结实践经验,持续推进改革开放,我们将不断迈向新的发展阶段,实现国家繁荣昌盛与人民幸福安康的美好愿景。

二、"晋江经验"是民营经济统战工作的福建样本

2020 年 9 月,中共中央办公厅印发《关于加强新时代民营经济统战工作的意见》,这是改革开放以来党中央首次就民营经济统战工作发文,文件强调坚持信任、团结、服务、引导、教育方针,正确处理一致性和多样性关系的重要性。一方面,要积极鼓励和支持民营经济发展;另一方面,要通过教育和引导,不断增强进民营经济人士在党的领导下走中国特色社会主义道路的政治共识。这一意见的发布对于进一步巩固和发展我国民营经济的健康发展,促进经济社会的繁荣稳定具有重要意义。

"晋江经验"在福建地区对民营经济产生了广泛而深远的影响。在所有制结构上,它引领福建民营经济走向以市场经济为主导、注重外向型经济、推崇股份合作制、多元经济成分共同发展的道路。在福州地区的长乐、福清等县域,以及莆田地区的忠门、东庄、北高、郊尾等乡镇,企业家们以乡情为纽带,逐渐由单一企业向产业联盟、资本联盟转变。在收入分配上,"晋江经验"激发了闽商参与集体慈善活动的热情。在政商关系上,福建各级党委政府基于"晋江经验",建立了亲近而清廉的新型政商关系,通过"周末早餐会""解忧下午茶"等活动,以及设立企业日、企业家日,推行如厦门的"六必访"工作机制、三明的"一门式"服务机制、南平的政商互派学习等地方经验,为民营企业创造了良好的创新创业环境。

习近平总书记高度重视民营经济的发展,通过对"晋江经验"的总结和

推广，进一步加强了党与民营企业家的紧密联系，为我国经济的高质量发展提供了有益借鉴。我们应当不断推进民营经济的改革创新，创造更加优良的发展环境，为广大民营企业家提供更多支持与帮助，让他们在中国特色社会主义的伟大征程中继续发挥积极作用，共同谱写经济繁荣与社会进步的新篇章。

三、"晋江经验"是对闽商精神的传承弘扬

"晋江经验"的形成和完善，得益于党委政府的积极引导和高效服务，同时也离不开福建民营企业的不懈努力。这种努力与闽商精神紧密相连，贯穿整个发展过程中。其中，"以市场为导向推动经济发展"和"依托本地优势，选择最佳路径加快经济进程"是闽商精神中"顺势而为、灵活应变"的生动体现；而"顽强拼搏，争取胜利"则彰显了闽商"勇于冒险、敢于竞争"的精神特质；此外，"以诚信为基础促进市场经济健康发展"则展示了闽商"团结协作、守信重义"的一面。同时，通过推动第二产业的发展，带动第一产业和第三产业的增长，增加农民收入，以及有序转移农村剩余劳动力等举措，充分体现了闽商"热爱家乡、回馈社会"的深厚情感和精神内涵。这些元素共同构成了"晋江经验"的重要组成部分，为福建乃至全国的民营经济发展提供了宝贵的经验和启示。

这种闽商精神不仅贯穿"晋江经验"的发展历程，也融入了习近平总书记的经济思想中。他对企业家的肯定与赞扬为民营经济的健康发展提供了强大动力。党中央对民营经济的支持和鼓励将继续保持，以激励更多的企业家发扬闽商精神，共同推动中国经济社会的繁荣进步。

第三节　"晋江经验"的启示

一、坚持以经济建设为中心

"晋江经验"明确把解放和发展社会生产力作为改革发展的落脚点和着力点，对中国特色社会主义发展具有重要意义。坚持以经济建设为中心，这

是党的基本路线的要求，也是全党共同肩负的历史使命。在经济发展的道路上，我们不能懈怠，而要秉持"晋江经验"的核心内涵，特别是快速发展的重要性，以此为引领，不断探索前进。

首先，全面建设社会主义现代化国家，须要立足于经济的高质量发展。如同建筑一座高楼大厦，稳固的基础是确保其稳定和持久的关键。而在这个过程中，我们首先应当重视县域经济的发展。只有坚实推动县域经济的发展，才能够实现乡村振兴和城乡融合发展的伟大目标。

其次，民营经济的健康发展也是不可忽视的。为了促进民营企业的蓬勃发展，我们需要完善政策体系，保障司法公正，切实维护他们的财产权益、创新权益以及自主经营权，使得他们能够在公平竞争的环境中与国企共同发展。在实践中，我们还必须明确"红绿灯"边界，为民营企业提供清晰的发展方向和稳定的预期，让他们能够放心投入，充分发挥其积极作用。

最后，实体经济的发展也是我们取得成功的关键。实体经济是经济发展的真正动力源泉，而低利润率却时常束缚其发展步伐。因此，我们必须积极促进各类资源要素向实体经济集聚，为其提供充足的支持和保障，使实体经济的利润率得以提升，从而更好地推动整体经济的健康发展。

总的来说，以"晋江经验"为启示，我们应不断完善和发展中国特色社会主义经济道路，进一步推动县域经济、民营经济和实体经济的发展，为实现经济高质量发展和中国特色社会主义现代化的目标不断努力。

二、促进民营企业高质量发展

对于民营企业而言，要实现高质量发展，首要任务就是注重创新。创新是推动发展的核心动力，尤其在"晋江经验"中，科技创新被赋予了极其重要的地位。随着新科技革命和产业变革的推进，民营企业必须强化创新意识，成为创新的主体力量，积极推动原创研发、产品优化、商业模式更新和管理创新，以全面推动高质量发展。

在推动民营企业高质量发展进程中，妥善平衡政府与市场之间的关系至关重要。坚持以市场为导向的发展理念，是确保经济成功的核心要素。政府应致力于加强对市场经济的引导和服务，为民营企业营造公平竞争的市场环境。同时，实现高质量发展需要充分发挥市场在激发经济活力、提升效率和促进动力变革方面的关键作用。此外，政府也需发挥宏观调控职能，建立健全的制度环境，为民营企业高质量发展提供有力保障。这种平衡与协同作用，将共同推动民营企业实现高质量发展。

为推动民营企业高质量发展，必须重视实体经济的根基作用。通过构建稳固的产业基础，完善相关产业链建设，为经济发展提供坚实基础。实体经济作为经济发展的核心，其产业发展方向应基于科学预测，紧密跟随未来行业前沿和市场需求。在此过程中，及时淘汰落后产能，提升传统产业的竞争力，为传统产业注入新活力，培育特色产业和支柱产业，持续增强整体产业竞争力。这些措施将为民营企业实现高质量发展提供坚实支撑。

三、坚定不移走共同富裕的道路

"晋江经验"具有鲜明的人民性，强调发挥人民群众的实践创造，这与促进社会共同富裕息息相关。实现共同富裕的途径主要依靠发展，而"晋江模式"的核心理念也是以发展为重点，两者在这一点上高度契合。因此，"晋江经验"对于新时代推动共同富裕具有重要的启示。

在我们共同追求共富路上，最关键的一点是将经济建设摆在中心位置，因为经济的发展是实现共同富裕的基础和保障。通过全社会的共同奋斗，我们可以不断将社会的"蛋糕"做大做好，为每个人提供更多的机会和福利，从而奠定坚实的物质基础，让共同富裕成为现实。接下来，我们需要通过合理的制度安排来处理经济增长和分配之间的关系。经济增长是推动共同富裕的重要动力，但同时也需要保证这种增长成果能够公平合理地分配给全体人民。只有在确保"蛋糕"的公平切割和分配的前提下，我们才能够构建一个社会公平正义的格局。这要求我们重点关注民众生活质量的提升，努力推动就业更加充分和高质量。通过确保个人收入增长速度与经济增长基本同步，我们可以增加中等收入群体的比重，进一步缩小贫富差距。同时，我们必须加快解决教育、医疗、养老等领域存在的问题，以促进公共服务的优质平衡发展。为了实现这一目标，我们需要完善多层次的社会保障体系，确保每个人都能享受到公平、可靠的社会保障。

需要强调的是，共同富裕是一个长期的历史过程，需要持续不断地推动和努力。在新时代，我们可以从"晋江经验"中汲取启示，坚定信心，不断探索适合我国国情的共同富裕之路。我们要在坚持社会主义初级阶段理论的基础上，不断创新经济发展方式，推动经济高质量发展，加强科技创新，提高产业链水平，以实现更为全面、均衡、可持续的共同富裕目标。

第四节　践行"晋江经验"，促进县域
民营经济高质量发展

一、创新经济发展模式

晋江市建立了以鞋业为基础的产业链和产业集群，实现了产业交叉融合和跨行业发展，从而提高了产业的竞争力和核心竞争力。

晋江市作为我国最具活力的县级市之一，其创新经济发展模式值得借鉴和学习。以下是晋江市创新经济的发展模式。

1. 以制造业为主导，尤其是鞋业制造业。晋江市利用地区优势，发展具有自主知识产权和高附加值的鞋业品牌，不断提升产品质量和技术含量，通过品牌和技术的壁垒形成了极强的产业竞争力。

2. 发展"互联网＋"，加速数字化转型。晋江市推进实施数字化晋江战略，加速数字化转型。晋江市发展了一批面向互联网的企业，如361度、安踏、贝贝网等，打造了一批具有较强市场影响力和竞争力的互联网企业，促进了传统产业与互联网的深度融合和升级。

3. 引进外资和创新人才。晋江市积极引进外资和创新人才，为晋江市的创新经济发展提供了强有力的支持。晋江市吸引和聚集了大量的台湾资本和台胞在晋江投资，同时积极引进海外领先企业和国内知名高科技人才，通过引进人才，晋江市打造了一支具有竞争力和创新能力的人才队伍。

4. 支持民营企业和创新创业。晋江市长期以来鼓励、支持和培育本地民营企业的发展，并为创业创新者提供相应的政策和资金支持。晋江市政府不断优化创新政策，增加创新创业的支持力度，使得晋江市的创新创业环境越来越好。

总之，晋江市的创新经济发展模式注重制造业发展、数字化转型、引进人才和政策支持等，将传统产业与高科技新兴产业相结合，实现了强有力的产业转型和升级。这种创新经济发展模式也可以为其他地方的创新经济发展提供借鉴和参考。

二、建立优质服务体系

晋江市建立了包括产业服务、金融服务、人才服务、政策服务等在内的综合服务体系，较好地解决了民营企业面临的融资、人才等问题。同时，晋江市也加强了公共设施建设和生态环保，改善了城市环境和民生福利。

晋江市在优质服务体系的建立方面采取了以下措施。

1. 健全服务体系。晋江市的服务体系非常健全，在政府和社会各方的共同努力下，为广大市民和企业提供了高质量、全方位的服务。首先，政府部门提供了多种便民服务，包括网上办事、电话咨询、一站式服务大厅等，为市民提供了方便快捷的服务。其次，市场主体也积极参与服务体系建设，提供日常所需的各种商品和服务，为市民创造便利消费环境。此外，还有许多社会组织和志愿者团体，为弱势群体、特殊群体、老人和儿童等开展精准服务，提供帮扶和支持。最后，晋江市还注重发展智慧城市建设，通过数字化、网络化、信息化的手段，打造高效便捷的服务体系，提高服务质量和效率。综上所述，晋江市的服务体系得到了全面的健全和完善，能够为市民和企业提供优质的服务，为城市发展和社会进步作出了积极贡献。

总之，晋江市制订了一系列优质服务标准和流程，建立起城乡一体的总部和服务中心，实行"一门式"服务，提供全天候、全方位、全过程的服务，让服务更加规范、高效。

2. 提高服务能力。为了提高服务质量和效率，晋江市投入巨资建设晋江市信息中心和晋江市公共服务平台，采用信息化手段，通过异地办公、电子服务等方式，节约时间和精力，减少烦琐的手续和流程。首先，在公共服务领域，提高了教育、医疗、养老等基本服务水平，不断优化普惠惠民的公共服务和基础设施建设。其次，在市场拓展方面，晋江市鼓励外来企业入驻，通过减税降费等措施优化营商环境，支持本地企业拓展市场，同时加强对企业的服务和管理，提高了市场拓展的效率和质量。最后，晋江市积极推进数字化建设，通过开发智慧城市平台、普及电子服务、构建全流程数字化管理等手段，提高了政务服务的智能水平和可靠性，大大提高了市政的服务能力。综上所述，晋江市在服务能力方面取得了明显的进步，不断优化服务，不断提高服务质量和水平，为打造全国一流城市作出了积极贡献。

3. 建立考核机制。晋江市对各级政府部门建立了考核机制，通过定期考核和评价，对政府部门的服务态度、工作效率、服务质量等进行综合评估，倒逼政府服务的提升。

晋江市建立了一系列考核机制来保证服务质量和政府工作效率。其中，包括建立绩效评价体系，通过制定目标、制订考核标准、开展考核评估等环节，对政府各部门工作情况和工作任务完成情况进行量化的绩效考核，以此来鼓励政府各部门改正服务中存在的不足之处，提高工作效率和服务质量。此外，在政务服务方面，晋江市也建立了"一站式服务"机制，设立专门的服务窗口和服务热线，为市民提供及时、便捷的服务支持，并且进行客户满意度调查，以了解市民对政务服务的满意度和服务中存在的不足之处，为优化和改进服务提供参考。综上所述，晋江市建立了多项考核机制，有效维护了政府服务质量和工作效率，为市民提供更优质的政务服务。

4. 加强培训和监管。为了提高服务质量和工作效率，晋江市采取了多种措施加强培训和监管。一方面，政府机构组织培训，对服务人员进行岗前培训和定期培训，不断提升其专业素养和工作能力，使其更好地适应和反映市场需求。另一方面，政府加强对服务质量和工作效率的监管，建立了考核评估制度，同时对服务行业实行"全过程管理、全员参与、全面监管"，确保服务行业的规范运营和服务质量的稳步提升。定期检查各部门和单位的工作流程和服务质量，及时纠正不足之处。同时，政府还加强与社会各界的沟通和协作，汇聚各方资源和力量，共同为推动政府服务工作和全市经济发展作出贡献。这些措施的落实，有利于完善市政府服务系统，提高公众对政府服务的满意度，推动市政府服务向更加高效和便捷的方向发展。

总之，晋江市在建立优质服务体系方面，采取了一系列综合措施，包括加强服务设施建设、推进政务服务一站式、提高服务能力和素质、增强服务监管等，充分发挥了政府、社会和企业的作用。通过这些措施，市政府在服务质量和效率、工作流程和服务标准、管理监管等方面得到质的提升。同时，政府与社会各方建立了密切的合作关系，共同协作，推进全市经济、社会和政府服务的发展。这一优质服务体系的建立，彰显了市政府对于公众服务的关注和重视，有效提升了市政府服务水平和政府形象，推进了晋江市经济社会的健康发展和繁荣。

三、促进科技创新

晋江市鼓励企业加强自主创新和技术引进，并建立了专业的科技服务机构和科技创新孵化平台，为企业提供技术支持和创新资金。

晋江市大力促进科技创新，采取了多项措施。首先，政府投入巨大的经费和资源来支持创新和研发，大力推进晋江市科技创新示范区建设。其次，在全市范围内发起科技创新竞赛，以奖金和荣誉的方式激励企业和个人提升创新意识和创新能力。再次，加强学术论坛和创新交流活动，有针对性地组建专家团队和行业协会，引导不同领域的专业技术创新。最后，鼓励企业创新，推广创新模式，加快晋江市创新型企业的培育和发展。通过这些措施，晋江市在科技创新方面取得显著成效，不仅为企业和个人提供了良好的发展环境，也为晋江市的可持续发展注入了强劲的动力。以下是晋江市促进科技创新的主要特点和措施。

首先，政府投入大量资金和资源，支持创新和研发。作为福建省首批科技创新示范区，晋江市科技创新示范区已成为一个融科研、生产、培训、展示和推广为一体的创新载体，该区还建立了创新创业孵化平台，为优秀创新企业提供速成、孵化、投资、上市等服务，加速创新成果的转化。

其次，晋江市积极组织和开展科技创新竞赛。市政府设立了各类创新创业大赛，鼓励企业和个人不断创新，吸引了全国各地的创新团队，让创新成果得到广泛关注和应用。同时，政府还设立了多项创新奖项，如晋江市自主创新奖、晋江市专利优秀奖等，鼓励企业和个人在技术研发、专利和成果转化等方面有更好的表现。

再次，晋江市积极加强学术论坛和创新交流活动。该市针对不同领域的专业技术创新，组建了多个专家团队和行业协会，为企业和个人提供专业技术支持和交流平台，推进技术升级和创新发展。

最后，晋江市大力推广创新模式，加快晋江市创新型企业的培育和发展。该市支持企业注重自主知识产权的创新，重视人才引进和培养，为企业提供优惠政策和金融保障，激励企业更加积极地参与创新活动。

以上措施，有力地促进了晋江市的科技创新发展，也为推动该市的经济转型和创新发展打下了坚实的基础。

四、拓展国际市场

晋江市积极拓展国际市场，打造区域品牌，加强与国际市场的连接和合作，提高企业的国际知名度和市场份额。

晋江市是中国的一座沿海城市，拥有良好的地理位置和适宜的气候条件，是一个重要的外向型经济城市。下面介绍晋江市拓展国际市场的方法和优势。

（一）拓展国际市场的方法

1. 晋江市在国际展览会上展示了多个代表该市的产品和服务，包括纺织品、鞋类、电子产品、汽车零部件等。这些产品和服务品质优良、技术先进，得到了海内外客户的广泛认可和好评，有力地推广了晋江市的产业和品牌形象，为该市开拓国际市场和提升国际竞争力作出了突出贡献。同时，该市还通过与国内外知名企业、机构和合作伙伴的交流合作，进一步挖掘和拓展市场，加快产业转型和升级，向世界展示了晋江市独特的魅力。

2. 制订面向外商的优惠政策，吸引外商来晋江市投资兴业。

3. 加强对外宣传，提高品牌和形象的知名度和影响力。

4. 建立海外分支机构和代理商，推广本地产品和服务，加强企业在国际市场的渠道建设。

5. 借助"一带一路"建设，对周边国家和地区进行积极的贸易和投资合作，拓展海外市场。

（二）晋江市拓展国际市场的优势

1. 地理优势。晋江市地处闽南金三角地带，与福州市、厦门市紧密相连，具有得天独厚的地理位置优势。晋江市毗邻福建省主权海域和台湾海峡，依托港口、机场、铁路等交通枢纽，形成了便捷的国际物流网络。此外，晋江市作为长三角地区的核心城市，与杭州市、上海市、南京市等地相邻，距离经济发达的长江三角洲地区较近，进一步拓展了国内外市场的接触面和产业合作平台。在国际市场竞争中，晋江市地理优势的发挥，有利于该市进一步优化资源配置，拓展市场空间，促进经济发展和创新发展，提升全球竞争力。

2. 产业优势。晋江市是中国鞋都和台资重镇，全市鞋业产业产值占全市GDP 的 70%以上，拥有全国最大的鞋贸中心——晋江鞋服城，是全球鞋业生产和贸易中心之一。此外，晋江市的产业还涵盖了服装、机械制造、纺织印染、食品加工等多个领域，形成了较为完善的产业体系和供应链体系。在国际市场竞争中，晋江市的产业优势在于其丰富的制造经验和良好的产业聚集度，能够快速适应市场需求，提高产品质量和竞争力，并吸引更多国内外客户和合作伙伴。晋江市通过深耕产业链，提高品质、创新产品，不断提高产品的科技含量和附加值，推动产业升级，进一步提升了在国际市场上的竞争力。

3. 人才优势。晋江市在国际市场上的人才优势在于其优秀的人才培养与引进机制，以及丰富的人才资源和创新文化。晋江市拥有众多高等院校和科研机构，为市区输送源源不断的创新人才，同时也通过吸引海外留学人才和引进高端人才，不断提升产业的技术含量和创新能力，使晋江市在国际市场中具有更强的竞争力和影响力。此外，晋江市政府也注重培养和支持创新型企业和人才，通过多种政策和措施吸引和留住具有创新能力和实践经验的人才，推动晋江市经济的持续发展。

4. 政策优势。晋江市在国际市场上的政策优势主要体现在政府的支持和鼓励方面，晋江市不断推进国际化进程并制订了一系列优惠政策，包括税收、融资、土地、劳动力等方面的支持措施，在吸引国际企业投资和发展方面取得了良好的成效。此外，晋江市也着重关注人才引进和培养，并为人才提供优越的工作和生活环境、社保等多重福利，从而激发国际人才的创新潜力。通过这些优势政策，晋江市能够生产出更好地满足国际市场需求的产品，增强企业和人才的吸引力，提高市场竞争力，促进晋江市在国际市场上获得更大的发展空间和机遇。

总之，为了创造良好的创业创新环境，晋江市政府推出了多项扶持政策，提供了各种优惠措施和资金支持，鼓励企业家和创新人才开展创新创业活动。晋江市在拓展国际市场方面，借助自身的地理、产业、人才和政策等优势，采取多种方式来推广本地企业和产品的知名度，扩大市场份额，为晋江市的经济发展提供了强有力的支撑。同时，晋江市聚焦于产业升级和转型升级，推动高科技产业的发展，为创业者提供了更多的商机和市场。晋江市还建立了创业孵化基地，为初创公司提供办公场所和商务支持，促进了优秀创新项目的诞生和发展。晋江市还重视人才引进和培养，教育培训机构、高校和企业的合作不断加强，创新人才的培养和发掘成为助推经济创新的重要因素。总的来说，晋江市的创业创新环境依托政策、技术、市场、产业等多方面因素得到了较好的推动和发展，为创业者和创新人才提供了广阔的发展机会和空间。

五、营造优良创业创新环境

晋江市着力构建"创客小镇""创业孵化园区"等创新创业平台，支持创新创业者实现梦想，吸纳社会资源，加速区域发展。

这些经验为其他县域民营经济高质量发展提供了借鉴，既有力提升了民营企业的创新能力和市场竞争力，又提高了整个县域经济的发展水平和社会福利水平。

晋江市通过一系列措施来营造优良创业创新环境，主要有以下几点。

1. 政策支持。晋江市为创业和创新提供了各种政策支持。首先，政府出台了一系列的扶持政策，包括创新创业专项资金、创新创业基金、创新创业人才奖励等，为创新创业提供资金支持。其次，政府设立了晋江市创业孵化基地，为初创企业提供场所和服务，帮助企业发展。此外，政府还开展了创新创业大赛等活动，为优秀的创新项目提供展示和宣传平台，吸引更多创新人才加入。晋江市还着重加强培养高素质的创新人才，大力营造人才创新创业的环境，加强高校、企业、科研机构等在各方面的合作，为创业者和创新人才提供更好的资源保障。这些政策和措施为晋江市的创业创新发展提供了重要的支持和推动力。

2. 孵化器建设。晋江市的孵化器建设在近年来得到了极大的重视和发展。政府投入大量资金和资源，不断完善和扩大孵化器规模，提高孵化器的服务水平和质量。目前，晋江市已经建设起了一批高品质、高水平的孵化器，包括科技企业孵化器、文化创意孵化器、众创空间、孵化器加速器等多种形式，并为各类创业者提供了全方位的创业服务。同时，孵化器建设也为晋江市的创业创新生态环境添上了浓墨重彩的一笔，成为推动晋江市实现高质量发展的重要力量。

3. 人才引进。晋江市通过高层次人才引进、优惠政策、配套服务等方式吸引海内外优秀人才，为企业提供更强的人才支撑。

4. 行业协同。晋江市的行业协同是指不同行业之间的协作与合作，由此促进产业链上下游的企业协作，形成产业生态圈，提升整个区域的发展水平。晋江市支持不同行业之间的协同发展，例如将传统鞋服企业与互联网企业进行对接，以推进制造业数字化转型，提升整个产业链的竞争力。同时，晋江市也积极推动企业合作，降低企业成本，提高企业效率，推进行业升级，形成一个相互依存、相互促进、相互发展的协同发展格局。这种行业协同不仅可以促进晋江市产业的转型升级，还可以提升整个区域的经济竞争力。

5. 文化氛围。晋江市的文化丰富多彩，传承了多元化的福建文化和海洋文化，并融合了现代文化的元素。晋江市推崇"创新、创意、创业"的文化理念，倡导勇于拼搏、追求创新、敢于挑战、乐于分享的企业精神，为企业营造了良好的文化氛围。作为一个历史悠久的鞋都，晋江市有着深厚的制鞋文化和鞋文化积淀；同时，晋江市也非常注重文化创新和文化产业的发展。晋江市每年都会举办多场文化活动，如豆腐文化节、木偶戏艺术节、花灯艺术节等，吸引了众多游客和文化艺术爱好者前来参加。此外，晋江市还加强文化设施建设，如博物馆、图书馆等的建设，让市民和游客都可以更好地了解当地文化。晋江市的文化氛围大大丰富了人民群众的精神文化生活，促进了民族文化和全球文化之间的交流与融合。

总之，晋江市在政策支持、孵化器建设、人才引进、行业协同和文化氛围方面采取有力的举措，为创业创新提供了良好的环境和支持，有助于推动晋江市经济的腾飞。

六、聚焦民营经济，促进经济高质量发展

以实业为基础，促进产业集群的形成。晋江市自实业兴起，逐渐演变为一个以实业为根基，专注于市场深耕的都市。通过坚定实业发展方向，不断增强发展活力，晋江市获得了显著的发展成就。2021 年，晋江市拥有七万多家企业和 50 家上市公司，孵化了 15 个"国字号"区域产业品牌，如中国鞋都、中国纺织产业基地和中国休闲食品名城等。实体经济在晋江市的增长中扮演着至关重要的角色，对 GDP 贡献超过 60%。实体经济所创造的产值、税收和就业机会占比均超过 95%，充分展现了其在经济发展和就业增长中的巨大贡献。[①]

---

① 王浩斌. 从"晋江模式"到中国式现代化新道路的"晋江经验"［J］. 福建论坛,2022
(11)：5-13.

构建现代产业体系，以推动产业转型升级。在这一目标的引领下，晋江市采取了一系列战略举措。首先，针对传统产业，着重加强强链和重化补链的建设。通过提升传统产业的技术水平和产品质量，推动传统产业向高附加值、高质量的方向发展，以适应日益激烈的市场竞争。其次，晋江市将高新技术产业和战略性新兴产业视为重要方向，积极推动这些产业的发展。借助科技赋能和数字化变革，可以加速推动产业转型升级，增加高新技术产业和战略性新兴产业在整体产业体系中的占比，进而增强产业体系的创新和竞争实力。在产业布局上，晋江市聚焦四个优势主导产业，即鞋服、纺织、建材和食品产业，旨在通过高新化转型，使得这些传统产业焕发新的生机与活力。同时，晋江市致力于培育信息技术、智能装备和医疗健康产业这三个新兴产业，通过集群发展的方式，促进这些产业的蓬勃发展，从而在未来市场中取得先机。另外，晋江市还将四个现代服务业定为重点发展领域，包括商贸物流、文体旅游、研发创意和金融服务业。通过专业化升级，提高这些服务业的综合竞争力，以满足人民日益增长的消费需求，同时为其他产业提供有力支撑。

推动大中小企业联动。在晋江市的"晋江经验"指导下，重点关注大企业和中小企业之间的协作关系，市场充分利用龙头企业的带动作用，积极组建创新联合体，通过一系列合作方式促进大中小企业的融通发展，实现共赢。在这一过程中，晋江市重视大企业和中小企业的相互合作。大企业作为龙头，在发展中带动中小企业，扮演着"头雁"的角色，通过组建创新联合体，将资源优势与创新能力与中小企业的灵活性和创造力结合起来。在这种联动中，大企业开放场景和发布需求，为中小企业提供了合作和发展的机会，同时，中小企业也可以通过内部创业和虚拟法人等方式积极参与，使得合作更加紧密和多样化。此外，晋江市政府还鼓励产业链上的企业建立战略联盟，共同打造研发中心，并联合开展技术攻关项目。这一举措旨在实现科技资源的共享与优势互补，促使产业链上的企业能够更好地协同合作，共同攻克技术难题，从而提升整个产业的竞争力。这种合作方式不仅有助于企业的共同发展，还为整个产业链的升级与转型注入了新的活力。同时，晋江市倡导共享科研成果，使得创新成果得到更广泛的应用，实现知识产权的共享和保护。通过推动大中小企业联动，晋江市不仅促进了市场主体之间的协作与合作，更有效地发挥了市场经济的活力和创造力。在这种联动发展的过程中，大中小企业相互借力，实现优势互补，推动了整个产业的升级和创新，为晋江市经济的繁荣与持续发展打下了坚实的基础。这一经验值得借鉴和推广，为其他地区的经济发展提供有益启示。

七、着眼共建共享，实现共同富裕

为了实现共同富裕目标，晋江市采取了多种举措，着眼于提升民生福祉、推动乡村振兴和积极发展慈善事业。

首先，晋江市注重提升民生福祉。民营经济的发展为晋江提供了财力基础，城乡居民享受着"同城同待遇、保障全覆盖、待遇均等化"的政策，从而推动了共享富裕的实现。在就业方面，晋江市不断完善就业保障体系，使得城镇新增就业人数持续增加，居民人均可支配收入也在稳步上升。在社会保障领域，晋江市采取精准的帮扶措施，有效助力众多家庭摆脱贫困。通过实现低保、特困供养和临时救助标准在城乡间的一体化，晋江市成功打造了一个全民覆盖的社会保障网络。此外，晋江市还在教育、医疗、养老等关键领域加大了公共服务资源的投入和配置力度，以确保民众能够享受到更加优质、便捷的服务。这些举措共同为晋江市民创造了更加美好的生活环境，推动了社会的全面进步和发展。

其次，晋江市注重乡贤能人带富，推动乡村振兴。通过结亲带富、产业带富等新乡贤带富模式，乡村经济得到了活跃，农民增收脱贫取得了实质性进展。

最后，晋江市积极培育和发展慈善组织，建立健全基层慈善服务平台。晋江市慈善总会多年来募集了大量善款并投入救助工作，实现了对困难群体的全方位帮助。晋江市还积极引导企业参与公益事业，鼓励他们将节支用于扶贫济困和发展公益，使得慈善捐资成为重要的财力来源。

晋江市通过提升民生福祉、推动乡村振兴和积极发展慈善事业等举措，努力实现共同富裕的目标，让全体人民共享改革发展成果。这些举措不仅为晋江市的繁荣发展作出了贡献，也为全国共同富裕的道路探索提供了有益经验。

第六章

新发展理念下我国省域民营经济
高质量发展比较研究

第一节 广东省民营经济高质量
发展政策比较研究

广东省以其独特的地理位置和得天独厚的资源优势，成为中国最重要的经济大省之一。在这片繁荣的土地上，民营经济蓬勃发展，展现出无比活跃的姿态。为了进一步推动广东省域民营经济的高质量发展，各级政府积极出台一系列鼓励性政策和措施，助力民营企业的腾飞。

广东省作为南方的经济中心，地处粤港澳大湾区的核心位置，地理优势无可比拟。沿海地带的优越位置使得广东省成为国际贸易和产业转移的重要门户，也使得民营经济得以充分释放其潜力。无论是从发展潜力还是经济规模来看，广东省都是中国经济不可或缺的增长引擎之一。

下面，我们将与其他省份进行比较研究，以便更好地了解广东省民营经济高质量发展的政策。

一、政策落实性

在广东省，民营经济政策的落实性表现得相对较高，与其他省份相比具有明显优势。这一成绩的取得归功于广东省政府采取的一系列务实措施，旨在将政策真正贴近实际、增强可操作性，以便更好地服务企业家和推动民营经济持续发展。

广东省政府充分认识到企业家的引领作用，因此，在政策制订的过程中，广泛征求企业家的意见和建议。这样一来，制订出的政策更加贴合企业家们的实际需求，更具针对性和可行性。政府还积极倾听企业家的诉求，在政策执行过程中及时进行调整和优化，确保政策真正能够为民营企业解决问题、提供支持。

为了创造公平竞争的市场环境，广东省采取了一系列措施来打击市场不正当竞争行为，保障企业在公平的市场环境下发展。政府还加强监管，防范市场垄断，鼓励企业自主创新，竞争能力得到进一步提升。

广东省不仅注重政策的制订与调整，还积极优化企业创新资源配置，推动创新创业。为此，政府设立了专项资金用于支持创新项目，引导企业投身科技研发和技术创新。与此同时，广东省政府积极推进产学研合作，搭建平台，促进科研成果的转化应用。这样的政策措施为广东省的民营企业提供了更多的发展机遇和空间，激发了企业的创新活力。

广东省政府在推动民营经济发展中也特别注重为企业排忧解难。政府部门积极倾听企业的需求和困难，及时回应和解决企业面临的问题，确保企业能够稳步发展。这种高效的政策执行机制，让广东省的民营企业在发展过程中得到更多的支持和帮助，增强了企业发展的信心和动力。

综合来看，广东省的民营经济政策落实性较为强力，政府的关切和扶持为民营企业的蓬勃发展提供了坚实支撑。通过引导企业创新，优化资源配置，创造公平竞争环境以及及时解决企业困难，广东省为民营经济发展打下了坚实基础，也为全省经济发展注入了持久活力。

二、发展潜力

广东省作为中国改革开放的先行地之一，对民营经济的高度重视使其在近年来取得了长足进步。广东省政府不遗余力地推行多项政策，包括税收优惠、财政补贴、资金支持以及优惠融资等多种措施，以加速民营经济的发展。这些措施不仅增强了企业的发展信心，也为广东省的民营企业提供了坚实的支持与帮助。相较于其他省份，广东省的民营经济呈现出更为广阔的发展潜力，其独特的地理位置、现代化水平、丰富的人力资源和稳定的基础设施等优势，为其发展奠定了坚实的基础。

广东省具有优越的地理位置，地处中国最大的对外贸易口岸之一。得益于这一地理优势，广东省发展出了发达的海运和陆运物流体系，为企业提供了高效便捷的外部环境。无论是进出口贸易还是国内分销，企业都能充分利用广东省的物流网络，迅速将产品送达全球各地，这使得广东省成为众多企业前来投资和合作的热门地区。

广东省拥有较高的现代化水平，这意味着该地区具备了先进的生产技术和管理经验。广东省的制造业一直以来都处于中国乃至全球的前沿地位，尤其在信息技术、电子、通信、生物医药等高科技领域具备明显优势。这使得广东省成为国内外企业争相涌入的重要目标地区，通过与当地企业的技术合作，其他地区企业也能够提升自身的竞争力，共同促进全行业的进步与创新。

广东省拥有丰富的人力资源和稳定的基础设施，为企业的发展提供了坚实的保障。广东省拥有众多高素质的人才，这些人才既来自本地，也来自全国各地甚至海外。他们为企业的创新和发展注入了强大的动力。此外，广东省在基础设施建设方面也投入巨大，无论是交通、通信、能源，还是教育、医疗等方面，都具备了现代城市发展所需的完备条件。这为企业提供了稳定的运营环境，减少了运营成本，提高了市场竞争力。

这些独特的优势使得广东省成为中国民营经济最为繁荣和多元化的地区之一。不仅拥有众多优秀的本土民营企业，还吸引了大量外地企业前来投资兴业。广东省的民营经济在国内外的影响力不断扩大，展现出独特的魅力与活力。通过持续深化改革，优化营商环境，加大科技创新和人才引进力度，广东省的民营经济必将继续保持蓬勃发展的势头，为中国经济的繁荣作出更加卓越的贡献。

三、创新活力

广东省的民营经济不仅蓬勃发展，更以其强大的创新能力而独树一帜，堪称全国最具有创新活力的省份之一。这得益于广东省政府坚定不移地为创新型企业提供必要的支持，包括资金、政策和人才等方面的倾斜。多方位的支持措施吸引了大量高科技企业纷纷落户于此，为广东省的创新舞台增色不少。

广东省民营企业在智能制造、新材料、电子商务等领域率先开展了一系列国内外领先的创新实践。以智能制造为例，广东省积极引进先进的智能生产设备和技术，推动传统制造业转型升级。在新材料领域，广东省不断探索新材料的研发与应用，推动产业链不断优化和完善。电子商务方面，广东省积极探索线上线下融合发展模式，加速数字化转型，拓展新的商业模式。这些创新实践不仅为广东省的民营企业带来了巨大的发展机遇，同时也推动了整个中国乃至世界相关领域的进步。

广东省之所以在创新方面显得更具活力，不仅因为政府的积极支持，还在于其特殊的地理位置和开放的合作态度。毗邻香港和澳门，广东省成为中国与国际进行交流与合作的重要桥梁。充分利用这一优势，广东省积极吸引外资和引进先进技术，不断促进产学研合作，推动创新成果的转化应用。同时，广东省内大量优秀人才的聚集以及高科技企业的蓬勃发展，也为创新提供了源源不断的动力。在这种有利条件下，广东省不断涌现出一大批具有创新精神的企业家和科技人才，成为全国最为活跃的创新地区之一。

相较于其他省份，广东省的民营经济在创新方面展现出更强的活力和潜力。政府的政策支持和积极的国际交流合作，为创新提供了更广阔的舞台和更多的机遇。广东省民营经济的创新活力不断激发着企业家的激情和创造力，推动经济的不断升级和转型。未来，随着广东省不断深化改革、加大科技创新投入，其在全国乃至全球的创新地位必将进一步巩固和提升，为中国经济的可持续发展贡献更加重要的力量。

四、人才引进

广东省政府在推动民营经济发展的过程中，高度重视人才引进工作，并积极采取多种措施，如引进高端人才、激励创新人才、加强人才交流等，以打造政策、科技、创新等方面的纽带，吸引全球优秀人才前来广东创业发展。广东省民营经济拥有广泛而成熟的人才引进机制，并已建立起一套完善的人才管理制度，为吸引世界级和高端人才提供了优越的环境和条件。正是这种务实而开放的态度，让广东省成为人才的磁场，吸引了一大批优秀人才为广东省的民营经济发展贡献智慧和力量。

广东省深谙"人才是第一资源"的重要性，为此，该省已经设立了一系列人才引进计划和政策，如引进高层次人才计划、引进科技创新团队等举措。这些计划和政策旨在为优秀人才提供更广阔的发展平台和更优厚的待遇，吸引他们到广东省实现自身价值并为民营经济的蓬勃发展贡献力量。广东省政府对人才的关注不仅局限于引进，更重视人才的培养和成长。通过建设高水平的科研机构、优化教育体系、鼓励创新创业，广东省为人才提供了广阔的成长空间和良好的创新氛围。

相较于其他省份，广东省民营经济在人才引进上展现出更加开放、灵活和高效的特点。广东省毗邻港澳，地理位置优越，国际化的氛围使得广东省成为全球优秀人才向往的目的地之一。政府大力推动人才交流合作，吸引了一批国际上的顶尖人才来到广东省工作与生活。广东省拥有丰富的创新资源和优越的发展前景，这为各行各业的人才提供了施展才华的绝佳舞台。广东省政府还积极搭建创新创业平台，吸引更多有志之士加入创新创业的行列。

通过持续加大人才引进和培养的力度，广东省的民营企业不断增强自身的创新能力和竞争力。优秀的人才不仅为企业带来新的技术、新的思维和新的机遇，也推动着广东省民营经济向更高水平迈进。未来，随着广东省不断深化改革、加大人才引进和培养的力度，相信广东省的民营经济将继续在全国乃至全球的舞台上展现出更加耀眼的光芒。

综上所述，广东省凭借独特的地理位置和资源优势，成为中国民营经济最重要的发展引擎之一。政府积极出台鼓励性政策和措施，增强了民营经济政策的落实性，激发了创新活力，吸引了大量优秀人才加入。这些因素共同促进了广东省民营经济的高质量发展，为中国经济的腾飞注入不竭动力。

第二节　浙江省民营经济高质量发展政策比较研究

浙江省作为中国东部经济发达的省份之一，其民营经济表现出相当活跃的态势。政府通过出台一系列鼓励性政策和措施，推动浙江省域民营经济的高质量发展。通过产学研合作，加强科技创新，优化企业创新资源配置和吸引人才，浙江省的民营经济得到了有力的支持和推动。这些政策举措为浙江省民营经济的蓬勃发展奠定了坚实的基础，也为全省经济的持续繁荣注入了持久的活力。

一、政策落实性

浙江省的民营经济政策落实性较强。政府出台的政策在实施过程中得到了广泛的贯彻和执行，这得益于浙江省政府对于民营经济的高度重视和采取的积极行动。浙江省政府一直以来都积极为企业提供优惠政策，旨在促进企业发展，推动民营经济稳步健康发展。政府的政策措施不仅着眼于短期效应，更注重长期可持续发展，为企业提供稳定的政策支持。

浙江省政府在推动民营经济发展中持续保持着创新精神。政府大力推动科技创新和人才培养，为企业创新提供了坚实支持和鼓励。通过建设高水平的科研机构和科技园区，政府为企业提供了广阔的创新平台。同时，积极培育人才，提供优质的人才资源，为企业的技术研发和管理水平提升提供了有力支撑。

与其他省份相比，浙江省政府更加注重政策的具体执行。政府积极推动实施"两个到位+三个加强"的政策，即将政策措施真正落实到位，将制度落实作为政策评估的重要指标。此外，政府还着力强化企业帮扶和金融服务，为企业提供更加全面和多元化的支持。政府与企业的深度合作，让政策在市场中发挥出实实在在的作用，为民营经济的发展注入强大的动力。

这些政策和举措的落实性和实效性得到了企业和市场的积极认可。在浙江省政府的引领下，民营企业在科技创新、市场拓展和国际合作方面都取得了显著的成绩。政府的务实作风和创新理念为浙江省的民营企业打开了新的发展空间，使其在激烈的市场竞争中保持着持续的竞争优势。

浙江省的民营经济政策落实性较强，得益于政府的高度重视和积极行动。政府通过出台优惠政策、推动科技创新和人才培养，为企业创新发展提供了坚实支持。与其他省份相比，浙江省更加注重政策的执行，努力将政策落到实处，形成制度化的长效机制。这些政策的有效实施为浙江省民营经济的蓬勃发展提供了有力支持，也为全省经济的持续繁荣奠定了坚实基础。

二、发展潜力

浙江省的民营经济发展潜力巨大。该省拥有众多经济发达的城市，这些城市与全球市场紧密接轨，为民营企业开拓国内外市场提供了广阔的机遇。同时，浙江省地理位置优越，依托丰富的港口资源，实现了与全球贸易的便捷连接，使浙江省成为国际贸易的重要门户。这使得浙江省的民营经济在全球化时代能够站稳脚跟，展现出强大的国际竞争力。

浙江省在基础设施建设方面投入巨大，交通、通信、能源等基础设施完备，为企业提供了高效便捷的运营环境。这为浙江省制造业、高端服务业等的发展奠定了坚实基础。特别是在数字化、智能化方面，浙江省的基础设施建设位居全国前列，使得民营企业能够充分发挥信息技术优势，实现产业的高质量发展。

浙江省的优良创新和创业环境是民营经济不断进步和多元化发展的重要推动力。政府高度重视科技创新，为企业提供鼓励和支持，使得科技成果能够得到有效转化和应用，为企业技术升级和产品创新提供了强有力的支持。同时，丰富的高等教育资源培养了大量高素质、富有创造力的创新型人才，为企业创新提供了人才保障。

浙江省已经形成了多元化的产业体系，以互联网、文化、制造业、医疗保健和生物科技为代表的产业格局日益完善。政府在市场经济的发展、产业结构的转型升级以及政策扶持的落实方面取得显著成绩，为民营经济的多元化发展提供了坚实基础。不同产业的相互支撑和协同发展，为浙江省的经济发展注入了活力和韧性。

浙江省政府对民营企业的保护力度较大，积极出台创新政策，为企业的发展提供了良好的政策环境和市场支持。政府鼓励企业加大研发投入，提升技术水平，同时通过税收优惠和财政补贴等措施，减轻了企业的负担，增强了企业的创新动力。这种积极的政策支持，使得民营企业在竞争激烈的市场环境中获得更多发展机遇，为浙江省的经济发展注入了强劲动力。

综上所述，浙江省的优良创新和创业环境、多元化的产业体系以及政府对民营经济的积极支持，共同构成了浙江省民营经济持续健康发展的坚实基础。这种发展模式为其他地区提供了有益借鉴，同时也为中国整体经济的发展作出了积极贡献。

浙江省的民营经济发展潜力巨大，其地理位置优越，基础设施完备，创新环境优良，产业多元化发展，政策支持力度大，这些优势使得浙江省在民营经济领域与其他省份相比独树一帜。随着政府持续加大创新和改革力度，浙江省的民营经济必将迎来更加广阔的发展前景。

三、创新活力

浙江省的民营企业在创新活力方面表现突出。政府不遗余力地致力于推动科技创新，力求与国际先进水平对标，为此加大了投入，并规范了培养机制，使得创新成为浙江省经济发展的重要引擎。同时，政府还积极鼓励民营企业加强技术创新，为企业提供更加宽松和有支持性的发展环境。

在浙江省，创新被视为推动经济发展的重要战略。该省拥有富有创造力的企业家和高素质的人才，他们不断探索着创新型发展路径，推动经济高质量、高速发展。在浙江省民营经济发展中涌现出了一大批技术创新和商业模式创新的佼佼者，他们以敏锐的市场洞察力和敢于冒险的创新精神在市场中异军突起。

浙江省民营企业的创新活力不仅体现在技术创新和科研成果上，也贯穿了企业文化和管理模式的全过程。许多民营企业都建立了开放、包容的创新文化，鼓励员工敢于尝试新的想法和方法，推动企业不断改进和进步。创新已经深深融入企业的基因中，成为企业持续发展的源源不断的动力。

新兴经济领域是浙江省创新活力的一面明镜。互联网、文化、生物医药等领域的快速崛起，都得益于创新的推动。在这些领域中频频涌现浙江省民营企业，这些企业不断引领行业发展，展现出强大的创新能力和发展潜力。这些企业敢于冒险，不断投入研发，不断挑战传统，使得浙江省成为全国乃至全球的创新引领者。

相比于其他省份，浙江省的民营经济发展更注重打造创新生态环境。政府积极推动产业升级和转型，为企业提供更广阔的创新舞台和更多的发展机遇。政府在支持科技创新、鼓励人才创业、优化创新创业环境等方面下了大力气，努力营造有利于创新的氛围，使得浙江省的民营企业在创新方面成为全国领先的代表。

浙江省的民营经济蕴藏着巨大的创新活力，政府的积极推动和民营企业的勇于创新相得益彰，使得浙江省成为中国经济发展中的璀璨明珠。随着不断深化改革和创新驱动发展战略的持续实施，浙江省的民营经济将继续保持强劲的创新势头，为中国经济的可持续发展贡献更加重要的力量。

四、人才引进

浙江省民营企业在人才引进方面积极主动，采取了一系列的举措，旨在吸引更多的高端人才和技术专家，为企业的技术创新提供有力支撑。浙江省以其卓越的人才服务体系成功吸引并留住了大量优秀人才，不断增强企业的核心竞争力和创新能力。此外，该省还重视本地人才的培养和引导工作，致力于将年轻人才培养成为创新和创业的中坚力量。与其他省份相比，浙江省在人才引进方面更加注重充分挖掘和利用本地的优秀人才资源，并积极探索国内外人才的招募和引进方式。这种全面的人才引进和培养策略使得浙江省的民营经济具备了更高的竞争力和发展潜力。

为了实现人才引进的目标，浙江省采取了多种举措。首先，他们建立了完善的人才引进政策体系，包括提供各类奖励和补贴，为引进的人才提供良好的工作和生活条件。其次，他们积极与国内外知名高校和科研机构合作，建立了人才交流平台，通过学术交流、人才派遣等方式吸引人才来浙江省工作和创业。此外，还设立了专门的人才招聘服务中心，为企业和人才提供信息咨询、项目对接等全方位的支持。

同时，浙江省还加大了对本地人才的培养力度。他们注重优化教育资源配置，推动产、学、研结合，培养创新型人才。在高校和科研机构中，他们积极鼓励和支持青年人才的科研项目和创业计划，并提供相应的资金和政策支持。此外，还开展了各类创新创业大赛和实践基地建设，为青年人才提供更多展示自己才华的机会。

在国际人才引进方面，浙江省也积极开展各种招聘活动。他们与一些国际知名企业和机构建立了合作关系，参加国际人才交流会议和招聘会，向海外人才宣传浙江省的发展机遇和优势。此外，他们还推出了一系列针对海外人才的引进政策，包括简化签证手续、提供住房和子女教育等便利条件，以吸引更多的国际人才来浙江省发展。

通过积极引进高端人才和技术专家，浙江省民营企业得以迅速提升自身技术水平和创新能力。这些优秀人才带来了先进的理念、前沿的技术和丰富的经验，促使企业在产品研发、工艺改进和市场拓展等方面取得重大突破。

他们为企业注入了新的活力和动力，推动了技术创新的步伐。

总体而言，浙江省民营企业在人才引进方面展现出积极主动的态度。他们通过多种渠道和政策手段，吸引了大量的高端人才和技术专家，为企业的技术创新和发展提供了有力支持。同时，他们注重本地人才的培养和引导，努力培养创新创业的中坚力量。这种综合性的人才引进策略使得浙江省民营经济具备了更高的竞争力和发展潜力，为地区经济的持续健康发展打下了坚实基础。

第三节　江苏省民营经济高质量发展模式比较研究

江苏省位于我国的东部，是沿海经济比较发达的省份之一。在这片繁荣的土地上，民营企业展现出非常活跃的姿态，成为推动地区经济持续发展的重要力量。为了进一步促进江苏省的民营经济发展，各级政府积极出台一系列鼓励性政策和措施，助力民营企业蓬勃发展。以下是与其他省份的比较研究，以帮助更好地了解江苏省民营经济高质量发展的模式。

一、政策落实性

江苏省是中国东部经济发达的省份之一，对于支持民营经济发展的政策的执行显示出相对较高的灵活性和实效性。该省政府在处理民营企业和政府关系方面采取开放的态度，赢得了百姓对政府管理部门的信任，从而保证政策的顺利执行。江苏省政府对民营经济的高度重视，使得政策制订更加贴近实际，切合民营企业的需求。

为了促进民营经济的高质量发展，江苏省政府推出了一系列便利举措和务实政策。在深化"放管服"改革方面，政府进一步简化了办事流程，优化了审批服务，减轻了企业的行政负担。同时，政府着力优化营商环境，提高市场竞争力，鼓励企业进行并购重组，推动企业做大做强。这些政策的贯彻执行使得民营企业能够更好地发展壮大。

在财税支持和发展扶持方面，江苏省政府也给予了民营企业充分的关注和支持。为了保障民营企业的资金需求，政府提供了多样化的资金支持和创业担保服务。此外，政府还加强对民营经济的引导和支持，为民营企业提供定向指导和咨询服务，帮助他们解决发展中的困难和问题。

相较于其他省份，江苏省政府在创业创新方面采取了一系列有特色的措施，推广"双创"政策，吸引更多的青年人才和创新团队参与创业创新。这种创新型人才的引入和培育为民营经济的创新发展注入了源源不断的活力。此外，江苏省政府还致力于支持民营企业融合发展，通过产业协同创新和企业转型升级，推动民营企业实现跨越式发展。

由此可见，江苏省在民营经济政策落实方面展现出较强的灵活性和实效性。江苏省政府的开放态度和务实举措为民营企业的发展提供了坚实的保障。在深化"放管服"改革、优化营商环境、提供财税支持、推广"双创"政策和支持融合发展等方面的积极探索，将为江苏省的民营经济持续繁荣注入新的活力和动力。

二、发展潜力

江苏省的民营经济展现出巨大的发展潜力，而且其纵深发展的能力也极为强大。该省在高新技术产业、电子信息等领域处于全国领先地位，众多优秀的民营企业汇聚在江苏省开发区，为产业发展提供了持续不断的强劲动力。因此，江苏省的民营经济在未来的发展中有着广阔的前景，将继续发挥重要的作用。

随着国家"双循环"发展战略的布局，江苏省正在以更快的步伐推进制造业的高质量发展，推动传统产业向更高端、更优质的方向升级，同时积极促进新兴产业的快速发展。在这一过程中，民营企业作为制造业的重要组成部分，将受到更多的重视和关注，其潜力也将进一步被释放和发挥。江苏省政府对民营经济的支持和推动力度不断加大，将为民营企业提供更加有利的政策环境和市场机遇。

为了激发民营经济的发展活力，江苏省政府出台了一系列优惠政策。这些政策鼓励企业勇于创新，积极投入科技研发和新兴产业领域，为民营企业转型升级和跨越式发展创造更加宽松的条件。政府对新兴产业和高新技术领域给予更多的扶持力度，助力企业加速实现技术突破和产业升级。同时，政府还积极推动产学研合作，促进科技成果转化，为民营经济的创新发展提供强有力的支持。

在江苏省，民营经济的发展不仅是经济层面的事情，更是关乎社会全面进步。民营经济在吸纳就业、提高居民收入、改善民生福祉等方面都发挥着积极作用，对于促进社会和谐稳定、增加居民幸福感和获得感，以及推动全省经济社会发展起到了不可或缺的作用。因此，江苏省政府高度重视民营经济的发展，并将继续采取有效措施，为民营企业提供更好的发展环境和政策支持。政府将继续深化"放管服"改革，减轻企业的行政负担，提高办事效率，营造更加便利、公平、开放、透明的营商环境。同时，继续推动优化营商环境，吸引更多的投资人和创业者来江苏发展，促进民营企业的壮大和创新发展。

江苏省作为中国经济发展的领先省份之一，与其他省份相比，展现出明显的优势和特点。首先，江苏省拥有较为完备的基础设施，包括先进的交通网络、通信设施和现代化的城市建设，这为民营企业提供了便利的条件和高效的运作环境。同时，该省还积极投入资金和资源，推动科技创新和产业升级，助力民营企业在技术、品质和服务方面保持竞争优势。其次，江苏省拥有优质的人才资源。长期以来，该省重视教育事业的发展，培养了大批高素质的人才，涌现出众多有创新精神和创业意识的企业家和专业人才。这些人才为民营企业的发展提供了强大的智力支持，使其在市场竞争中更具韧性和适应力。此外，江苏省与周边省份的紧密联系和协同发展也为民营企业创造了更多的机遇与前景。作为沿海省份，江苏省紧邻上海市等经济重镇，形成了一个经济繁荣的区域，这为民营企业拓展市场、寻找合作伙伴提供了得天独厚的地理优势。同时，江苏省与内地省份的合作也日益加强，不断拓展着市场规模和业务领域，让民营企业在更广阔的舞台上施展才华。

三、创新活力

江苏省的民营经济在创新活力方面展现出了令人瞩目的成就，特别是一些民营科技企业在技术上拥有强大的先发优势。政府对科技创新的扶持力度不断增加，积极鼓励企业进行自主研发，为创新创业搭建更加开放、包容的发展平台。在江苏省，创新已经成为民营经济发展的重要推动力，不断推进科技创新和能力提升，孕育了众多具有创新意识的企业家和新兴产业，为经济的持续增长提供了强有力的支撑。

江苏省在创新方面积极主动，不满足于现状，而是勇于探索新的发展路径。政府不遗余力地推进科技创新，加大科技投入，培育创新型企业，不断孕育新的经济增长点。同时，江苏省注重引导企业与高校、研究机构等知识创新主体加强合作，形成了良好的创新生态圈，推动了科技成果的转化和产业的升级。这种密切的产学研合作为科技创新提供了持续不断的动力，也加速了企业的转型和发展步伐。

为了进一步激发和支持企业的创新活力，江苏省还制订了多个科技创新计划和政策。这些计划和政策涵盖了科技研发经费支持、技术成果转化奖励、知识产权保护等方面，为企业提供了更广阔的发展舞台和更丰厚的奖励机制。此举不仅增强了企业的创新信心，也激励了更多企业投身于科技创新的洪流。

江苏省与其他省份的显著区别在于，首先，江苏省一直以来高度重视并积极推进"创新驱动、智能发展"战略，这一战略的核心是以市场需求为导向，推动科技和产业的有机结合，从而充分发挥科技创新对民营经济的促进作用。这种务实而前瞻性的战略构想，为江苏省民营经济带来了全新的发展路径和机遇。创新是民营经济发展的关键引擎，江苏省政府不断加大对科技创新的扶持力度。积极落实创新驱动发展战略，政府与企业共同搭建了开放包容的创新生态环境。这一生态环境为大量创新型企业和人才的涌现提供了肥沃的土壤。在江苏省，创新不再是少数企业的事情，而是渗透到了各行各业，成为推动整个民营经济持续增长的强大动力。

其次，江苏省还构建了开放包容的创新生态，吸引了众多创新型企业和创新人才在此落户生根。这些企业和人才汇聚了丰富的创新资源，通过技术和产业的有机融合，不断推动科技创新和产业创新向前发展。这种蓬勃的创新氛围为民营经济的创新提供了重要的支撑和源源不断的动力。

与此同时，江苏省还通过创新服务、创新投资等多种方式促进民营企业创新能力的提升。政府通过提供创新服务，为企业提供技术支持、市场信息等资源，帮助企业加速技术研发和市场推广。同时，政府还鼓励投资机构加大对创新型企业的投资力度，为企业的科技创新提供资金保障。这些措施不仅增强了民营企业的创新活力，还进一步提高了江苏省民营企业的整体创新实力。

四、人才引进

江苏省民营企业在人才引进方面采取了多样化的策略，致力于通过政策、资金、平台等多种方式，吸引高端人才和领军人才来参与和推动企业的发展。江苏省始终坚持着"引才、用才、留才、育才、赢才"的原则，这一原则贯穿各项人才引进和培养计划，成为吸引和留住人才的重要保障。

为了吸引更多的高端人才和专业领军人才，江苏省不遗余力地推进人才计划，设立了多个人才项目，推出了多项政策。这些计划旨在吸引各个领域的人才向民营企业、创新型企业以及未来产业领域聚集。通过为人才提供创新创业的平台和优越的发展环境，江苏省吸引了一大批国内外的优秀人才加盟，为企业带来了新的智慧和活力。

同时，江苏省也不忘对本土人才的培养和引导。政府加大了对本地人才的培训和支持力度，鼓励他们在创新领域大胆尝试，树立起技术精湛、创新意识强的工匠精神。通过培养本地人才，江苏省进一步提升了民营企业的核心竞争力和创新能力，为民营经济的可持续发展奠定了坚实基础。

在江苏省，人才引进不仅是简单的"输血"过程，更是与当地产业结合的"输血造血"过程。政府积极搭建人才和企业之间的桥梁，促进了产学研用的深度合作。通过引进的高端人才，带动和培养本地的专业团队，不断增强了江苏省民营企业的创新能力和核心竞争力。江苏省与其他省份的区别主要在于，江苏省一直倡导创新、协同、绿色、开放、共享的新发展理念，强调以人才为重点，注重通过人才引进和培养来培育新的竞争优势，提升民营企业创新和可持续发展能力。与此同时，江苏省也倡导各类企业共同发展，互利共赢，构建协同发展的产业生态系统。这种特殊的发展理念和实践模式，也使得江苏省的民营企业在人才引进和利用方面具有一定的区别性和优势性。综上所述，江苏省的民营经济高质量发展模式在政策落实性、发展潜力、创新活力、人才引进方面都表现优秀，江苏省政府在进一步优化民营经济发展环境、建立科技创新体系、加强人才培养和利用等方面持续发力，为江苏省域民营经济的高质量发展提供了良好的动力与支撑。

第四节　福建省民营经济高质量发展模式比较研究

福建省作为我国民营经济比较发达的地区之一，展现出了多元化产业发展、区域协调发展和生态环境保护等特点。这些发展模式为福建省经济腾飞注入了强大的内生动力，同时也为其他地区提供了宝贵的经验借鉴。未来，福建省将继续创新，深化改革，推动民营经济高质量发展，迈向新的阶段。下面将对福建省民营经济与江苏省、浙江省、广东省等地的高质量发展模式进行比较研究。

一、地区经济结构的差异

在福建省、江苏省、浙江省和广东省这四个地区，经济结构的差异十分明显，各自呈现出独特的特点。福建省的经济结构主要以制造业和服务业为主导，尤其是电子信息、装备制造和食品饮料制造等行业在该省产业中占据重要地位。这些产业的发展为福建省的经济发展提供了坚实支撑，同时也为民营经济的蓬勃兴起奠定了基础。

相比之下，江苏省、浙江省和广东省这三个地区的经济结构则更加注重制造业和外贸业的发展，尤其以高新技术和装备制造业为代表。江苏省以其先进的制造业为支柱，成为全国重要的工业基地，而浙江省则因其创新活力和企业家精神而成为充满活力的民营经济发展先锋。广东省在改革开放初期就积极探索外贸发展，近年来推动高技术产业和现代服务业的发展，成为国内经济发展的重要引擎。

这些地区经济结构的差异不仅展现了各自的特色和优势，也影响着当地的民营经济发展模式。福建省作为制造业和服务业的重要枢纽，其民营企业在技术创新和服务提升方面具有较强的优势。江苏省则因其在高新技术产业的领先地位，使其民营企业更加注重科技创新和高端制造。而浙江省和广东省的民营企业则因其对外贸易的广泛联系，更加注重开放合作和国际市场拓展。

总体而言，这四个地区的民营经济在各自独特的经济结构基础上，通过不同的发展模式展现出强大的活力和潜力。各地政府应根据本地实际情况，积极采取措施，推动民营经济的高质量发展，为全国经济的繁荣和发展贡献更大的力量。

二、民营经济的支持政策

各地的民营经济在发展中也受到了政策的支持。特别是在广东省、江苏省和浙江省这三个地区，主要着力于减税和降费等具体措施，旨在激励企业的创新和持续发展。通过减轻企业负担，提高企业盈利能力，进一步增强民营企业的活力和竞争力。

广东省作为改革开放的前沿地区，一直以来都非常重视民营经济的健康发展。政府在税收和费用方面推行了一系列有力措施，比如降低企业所得税率，减免部分税收，同时对创新型企业还给予更多的奖励和扶持。这些政策的实施，有效地激发了企业家的创业热情，为广东省的经济腾飞提供了强大动力。

江苏省和浙江省也在减税降费方面下了很大的功夫。他们通过降低企业的税负和各类费用，为民营企业营造了更加宽松的发展环境。此外，江苏省和浙江省两地的政府还加大对科技创新和产业升级的扶持力度，鼓励企业加大技术研发和创新投入。这些政策的实施，为江苏省和浙江省的民营经济培育了众多具有竞争力的企业，增强了产业的核心竞争力。

相比之下，福建省更加注重政企合作，推动民营企业与政府部门的深度融合。福建省政府鼓励民营企业积极参与公共项目建设，与政府共同开展PPP（政府和社会资本合作）项目，促进资源共享和优势互补。通过政企合作，福建省实现了政府与企业的良性互动，有效地解决了一些企业面临的困难和问题，也为民营经济的发展提供了更多机会与支持。

广东省、江苏省、浙江省和福建省这四个地区在支持民营经济发展方面采取了不同的政策，但都秉持着为企业发展创造更好条件的初衷。这些政策的落实为民营经济的高质量发展提供了坚实保障，也为全国经济的持续繁荣贡献了重要力量。

三、地方政府的扶持力度

在地方政府对民营经济的支持方面，广东省可谓是力度最大的地区。广东省政府一直把民营经济的发展放在优先位置，不遗余力地出台了一系列支持政策，旨在鼓励和促进民营企业的发展壮大。这些政策包括但不限于加大对创新型企业的扶持力度，通过提供资金支持、减免税费等方式，激励企业在技术研发和创新方面取得更大突破。同时，广东省政府还积极推动税收政策改革，减轻了民营企业的负担，为其创造了更加优越的营商环境。此外，广东省还鼓励民营企业与国有企业开展合作，促进资源共享和优势互补，实现互利共赢。

江苏省和浙江省也高度重视民营经济的发展，并采取了一系列扶持措施。这两个省份都意识到中小企业在经济发展中的重要作用，因此鼓励中小企业发展，并通过提供财政支持和优惠政策来帮助它们健康成长。同时，江苏和浙江两省还依托科技创新来提升民营企业的核心竞争力。它们积极鼓励企业增加科技研发投入，培育自主知识产权，并推动科技创新与产业融合发展。

不过，相较于广东、江苏、浙江三省，福建省在支持民营创新型企业方面的力度相对较低。虽然福建省政府致力于推动政企合作，实现资源共享，但对于创新型企业的扶持力度较为有限。福建省在这方面可以借鉴广东省、江苏省和浙江省等地区的经验，进一步加大对创新型企业的支持，鼓励企业积极投入科技研发，培育具有自主知识产权的核心技术，以推动民营经济的持续发展和壮大。

各地方政府在扶持民营经济方面采取了不同的政策措施，广东省力度最大，江苏省和浙江省紧随其后，而福建省在支持创新型企业方面仍有提升空间。这些支持政策的实施将为各地民营经济的高质量发展奠定坚实基础，并为中国经济的持续增长注入源源不断的动力。

四、企业外部协同

在支持企业外部协同方面，江苏省、浙江省和广东省这三个地区都采取了不同的策略，以适应各自民营经济的发展需求。

江苏省着重强调企业与高校科研机构、省级实验室以及大型企业之间的协同合作。江苏省政府鼓励企业与这些科研机构建立紧密联系，促进科技创新成果的转化和应用。通过深度合作，企业可以获得来自高校和实验室的前沿技术支持，不仅有助于提升企业的研发能力，还能为企业的产品和服务注入更多的科技含量，增强企业的市场竞争力。

浙江省则主张企业与国内外高校、研究机构和企业之间的协同合作。浙江省政府鼓励企业拓展合作伙伴关系，不仅限于本地，还鼓励企业与国内外优秀的高校和研究机构开展全球性的研究合作。这种开放合作的模式能够为企业带来创新资源和更广阔的市场机遇，激励企业在全球范围内寻找合作伙伴，进一步提升企业的国际竞争力。

广东省则着重推动民营企业的转型升级，并为其提供优质服务和资源支持。广东省政府鼓励企业主动调整经济结构，实现由传统产业向高附加值产业的转变。为企业提供一站式的服务平台，包括财务、法律、市场等多方面的支持。同时，广东省政府还鼓励民营企业之间进行合作，形成合作共赢的格局，共同分享资源和市场，推动整个经济体的协同发展。

综上所述，江苏省、浙江省和广东省这三个地区在企业外部协同方面各有侧重，均致力于为民营企业提供更好的合作平台和发展环境。无论是与科研机构、高校合作，还是跨境合作，抑或是推动民营企业的转型升级，这些措施都有助于激发企业创新活力，提升竞争力，推动民营经济高质量发展。只有在各地方政府的有力支持下，民营经济才能持续发展壮大，为中国经济的发展贡献更大的力量。

通过比较研究，我们可以发现各地的民营经济发展模式各具特色，在政策支持、地方政府扶持力度、企业外部协同模式和方式等方面存在差异。不同地区的民营经济在各自的优势和特点下，都在积极探索适合自身发展的道路。就福建省而言，要在加强政企合作、提高民营企业创新能力等方面加大力度，以融入全国民营经济高质量发展潮流，促进民营经济转型升级。只有通过不断创新和改革，使福建省的民营经济在全国范围内展现出更强的竞争力和影响力，才能在中国经济发展的大舞台上展现出更加耀眼的光芒。

第七章

新发展理念下民营经济高质量
发展对策建议

第一节　新发展理念下民营经济高质量
发展的现状和问题分析

一、民营经济在中国经济发展中的地位和作用

民营经济是指在市场经济条件下，由私人创办、拥有和经营，以追求利润为目标的经济活动。在中国经济发展中，民营经济一直扮演着至关重要的角色。

1. 创造就业机会。民营经济是中国吸纳就业的重要支柱。在创造就业机会中扮演着至关重要的角色。国务院发展研究中心发布的报告显示，截至2020年底，我国民营企业员工总数已经超过2.5亿人，占全国就业人口总数的80%以上。民营经济在促进就业方面具有很强的灵活性和适应性，创业创新成为越来越多人选择的就业路径，也为更多人提供了发展空间和增长机会。我国民营经济在促进就业、稳定经济等方面都有着不可或缺的作用，因

此，必须加大扶持力度，提升其在国民经济中的地位和影响力。

2. 贡献经济增长。作为中国经济的主要组成部分，民营经济在推动经济增长方面的作用是不可替代的。随着改革开放的不断深入，我国民营经济的发展成为中国经济增长的一个重要引擎。国家统计局公布的数据显示，2019年我国民营经济的总产值占全国 GDP 的 60% 左右，民营企业的增长速度也高于国有企业。民营经济在创新链条、企业转型升级、出口贸易等方面有着优势，为我国经济的结构调整和新旧动能转换提供了重要支撑。同时，民营经济的发展也刺激了市场活力和消费需求，拉动了就业和收入增长，进一步促进了经济的发展。我国民营经济是我国经济增长的重要力量，因此，应继续加大政策扶持和引导力度，促进其健康快速发展。

3. 推动产业升级。中国民营经济发展迅速，崛起了一大批科技企业、高端制造业企业和其他先进企业，推动了产业结构升级。随着我国经济的发展，传统产业面临转型升级的压力，而民营企业的经验和智慧使其更具有活力、创新力和灵活性。民营企业在技术研发、品牌建设、生产制造等方面不断加强自身实力，积极开拓新的市场和领域，推动产业结构调整和转型升级。同时，民营经济还主动适应科技创新时代，通过新技术、新产业的创新和应用，为我国经济快速发展提供新动能。民营经济在推动我国产业升级中发挥了重要作用，因此，应得到更多的政策支持和鼓励。

4. 促进文化交流与合作。我国民营经济在促进文化交流与合作方面扮演着重要角色。一些与民营企业相关的文化产业，为中国的文化事业、文化交流与合作提供了很大的支持。作为一支外向型实力，民营企业在开拓国际市场的过程中，不仅需要借助文化交流推广自身品牌，也需要通过文化合作不断提高自身的国际化水平。同时，民营企业通过在海外地区设立分支机构或举办文化交流活动，促进了海外华人社区文化、教育和准入等方面的发展，提升了中国文化在海外的影响力。另外，民营企业也在不断支持和鼓励中国与其他国家的文化交流和合作，推出一系列的文化交流项目和合作活动，促进了中外文化交流，为国际和谐作出了积极贡献。民营经济在促进文化交流与合作中，具有重要而不可替代的作用，因此，应受到更多的重视和支持。

从发展经济的角度来看，民营经济的不断壮大不仅促进了国内消费和投资的增长，还带动了出口和产业升级。从带动就业的角度来看，民营企业创造了大量就业岗位，为社会稳定和发展作出了重要贡献。此外，在推动经济

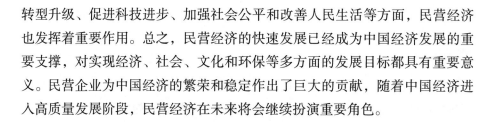

转型升级、促进科技进步、加强社会公平和改善人民生活等方面，民营经济也发挥着重要作用。总之，民营经济的快速发展已经成为中国经济发展的重要支撑，对实现经济、社会、文化和环保等多方面的发展目标都具有重要意义。民营企业为中国经济的繁荣和稳定作出了巨大的贡献，随着中国经济进入高质量发展阶段，民营经济在未来将会继续扮演重要角色。

二、新发展理念下我国民营经济发展的新特征

随着我国营商环境的持续优化，民营经济正逐步迈向高质量发展阶段。特别是自党的十八大以来，民营经济不仅在经济发展中担任主力军的角色，引领着转型升级的潮流，而且还发挥着稳定经济的关键作用。它是创新创业的主阵地，为实现共同富裕目标提供了重要支撑。这一转变表明，民营经济在推动经济结构调整、促进技术创新、增强国际竞争力等方面发挥着日益重要的作用。因此，我们应继续优化营商环境，激发民营经济活力，为实现经济持续健康发展作出更大贡献。

（一）营商环境优化，助力民营企业高质量发展

我国在优化营商环境方面，从宏观层面给予了民营企业巨大的支持。通过持续创新体制机制，我国政府不断为民营经济的发展提供有力保障，努力为民营企业打造更加便利的营商环境。以浙江为例，其实施的"最多跑一次"改革，如今已成为全国范围内的典范，极大地提升了行政效率和服务质量。此外，我国数字政府治理服务效能也显著提升，电子政务在线服务在全球排名中名列前茅，为社会公众提供了更加便捷、高效的服务，极大地增强了公众的获得感。这些举措共同为民营企业的健康发展提供了坚实的制度保障。

另外，为支持民营企业的市场发展，中央和地方政府积极采取了一系列降低市场准入门槛的开放举措，鼓励民营企业涉足关键经济领域，并持续深化对外开放。同时，我们重视为民营企业打造公正透明的法治环境，坚决维护其市场主体的经营自主权和财产权等合法权益。此外，我们还致力于规范涉企行政执法行为，确保民营企业在法治的轨道上健康、有序发展。这些举措的实施，为民营企业提供了更加广阔的市场空间和更加稳定的发展环境，不仅为民营经济的发展提供了有力保障，也为我国经济的持续健康发展注入了新的活力。

（二）公司治理体系和治理能力现代化进一步推进，推动民营企业提质增效

国家整合资源，形成合力，大力支持中小企业解决发展难题，并引导它们走向"专精特新"的发展道路，进而提升其核心竞争力。

一方面，国家致力于构建高效的企业培育体系，通过提供坚实的平台和制度支持，帮助中小企业应对挑战。据《专精特新中小企业发展报告（2022年）》显示，国家认定的 8997 家"小巨人"企业中，约 56% 为小微企业，而 85% 为民营企业，这表明了民营企业在国家发展战略中的重要地位。

另一方面，为了增强民营企业的竞争力，国家还致力于建立现代治理体系，并持续优化其治理结构。2022 年中国上市公司治理指数显示，民营控股上市公司的治理指数均值达到了 64.46，超过了国有控股上市公司。这表明民营企业在治理结构和治理能力上取得了显著进步。

此外，民营企业的竞争力也在不断提升。自党的十八大以来，国家大力支持民营企业扩大规模、增强实力，推动其进入资本市场，并发展成为具有全球影响力的本土跨国公司。据胡润研究院发布的《2022 年中全球独角兽榜》数据显示，截至 2022 年 6 月，中国的独角兽企业数量已达到 312 家，位居全球第二。这充分展示了中国民营企业在全球竞争中的崛起和影响力。

总之，国家通过整合资源、优化治理结构和提升竞争力，积极引导中小企业发展"专精特新"之路。这些措施不仅有助于中小企业在激烈的市场竞争中取得更大的发展，也为中国经济的持续健康发展注入了新的活力。

（三）发展韧性持续增强，民营企业成为我国经济平稳发展不可或缺的重要力量

当前，我国经济正在经历一个高质量的发展阶段，其强大的韧性为经济社会的稳定打下了坚实的基础。在这一发展过程中，民营经济的作用不可忽视。国家统计局数据显示，2022 年我国经济总量已经突破了 121 万亿元大关，其中私营企业的投资规模占据了全国总投资的 43.52%，这进一步验证了民营经济在我国投资领域的重要地位。回顾过去，自 2012 年以来，民营企业在全国投资中的占比一直保持在 55% 以上，甚至在 2015 年达到了 65.4% 的高峰。尽管近年来由于宏观经济环境的影响，这个比例的增长速度有所放缓，但在 2021 年仍然稳定在 56.5%。这充分表明，在当前的经济形势下，民营企业的发展韧性正逐渐增强，为我国经济的稳健发展提供了有力的支持。

此外，民营经济在业绩上的卓越表现也日渐明显。其灵活多变的经营模式和卓越的盈利能力使其在激烈的市场竞争中占据了一席之地。更值得一提的是，民营企业在就业吸纳方面也展现出了显著的优势。仅在 2021 年，规模以上私营工业企业实现的利润总额就高达约 2.9 万亿元，同时这些企业还为 3582 万人提供了就业机会，占规模以上工业就业人数的近一半，即48.1%。这些数字充分彰显了民营企业在推动就业和经济增长方面的重要作用和巨大潜力。

（四）技术创新积极性高，民营经济成为创新创业主战场

自党的十八大以来，我国民营企业的活力和创新能力得到了充分展现，成为了推动创新创业的重要力量。民营企业在科技创新领域的作用尤为突出。据国家知识产权局发布的报告，高达 70% 的技术创新成果源于民营企业。同时，在"专精特新"企业中，民营企业占比超过八成，而在高新技术企业中的占比更是高达九成。这些数据充分展现了民营企业在科技创新领域的领先地位。此外，全国工商联发布的《2022 研发投入前 1000 家民营企业创新状况报告》显示，研发投入排名前 1000 的民营企业研发费用占全国研发经费投入的 38.58%，总额高达 1.08 万亿元，占全国企业研发经费支出的50.16%。这一数据充分证明了民营企业在创新投入方面的巨大贡献和重要地位。这些民营企业不仅推动了科技创新，也为我国经济的高质量发展提供了强有力的支撑。

随着时代的发展，我国民营经济的高质量发展水平不断提升。据全国工商联、上海万得信息技术股份有限公司以及北京上奇数字科技有限公司的数据分析显示，在全国前三批被认定为"专精特新"的企业中，民营企业的占比已超八成。这些企业不仅为增强产业链的韧性、提升可控性、推动产业集群发展以及促进产业升级等方面作出了显著贡献，更体现了民营经济的强大实力和巨大潜力。这些成就是民营经济持续健康发展的重要体现，也为未来的长远发展奠定了坚实的基础。

（五）勇担社会责任，民营经济社会贡献度日益增强

民营经济作为社会主义市场经济的重要组成部分，在深化供给侧结构性改革、引领高质量发展以及构建现代化经济体系中发挥着举足轻重的作用。首先，民营经济在促进就业和社会贡献方面有着卓越的表现。其次，民营企业在推动共同富裕、稳定经济增长、增加就业、缴纳税金、激发创业创新活力、支持乡村振兴、参与生态文明建设以及投身公益慈善事业等多个领域都发挥着不可替代的作用。这些企业的积极努力和持续投入，为我国经济社会的可持续发展注入了强大的动力。全国工商联发布的《中国民营企业社会责任报告（2022）》也进一步证实了这一点。报告显示，2021 年，无论是大型企业还是中小型企业，我国民营企业在履行社会责任方面都取得了显著的进步。值得一提的是，民营企业基金会作为非公募基金会的重要组成部分，其数量占全国非公募基金会总数的 2/3 左右，并且呈现出稳步增长的良好态势。这一趋势不仅证明了民营企业在推动社会进步和共同富裕中的重要作用，也展示了其在未来可持续发展中的巨大潜力。

三、新发展理念对民营经济高质量发展的要求和挑战

新发展理念是中国发展的战略指导思想，对民营经济的高质量发展提出了要求，同时也带来了一些挑战。

1. 转型升级。在我国新发展理念下，对民营经济高质量发展的转型升级要求，就是要推动经济发展方式的转变，从重视增长速度向注重增长质量和效益转变。主要包括：强化创新驱动，提高企业技术创新能力和核心竞争力；加大数字化转型力度，提高企业信息化水平和管理能力；实现绿色发展，推动企业环保意识和绿色制造能力提升；深化开放合作，加强企业与全球价值链的融合和协作；强化人才引领，注重培养创新型人才和提高员工技能水平，促进企业可持续发展。

2. 生态环保。我国民营企业目前面临的生态环保等问题，主要是由于经济快速发展和生产活动对环境影响导致的环境问题。例如，一些企业排放大量污水、废气和固体废弃物，严重影响空气、水资源等环境安全。同时，这些污染物也造成了生态系统的破坏和环境质量的下降，影响了经济可持续发展。对这些生态环保等问题，需要政府部门加强监管，加大环境治理力度，要求企业严格贯彻环保法律法规，采取科技手段，实现生产活动的绿色可持续发展，同时，民营企业也需要自觉履行企业社会责任，积极推行绿色发展理念，为人类创造更美好的生活环境。

3. 创新发展。在我国新发展理念下，对民营经济高质量发展的创新要求是推动企业创新和转型升级，深入实施创新驱动发展战略，打造具有国际竞

争力的创新成果，并培育创新型企业和产业集群。为实现这一目标，民营企业需要加强自主创新，提升技术研发能力，加快转型升级，并推动数字化、智能化以及绿色化发展。同时，民营企业还需要深耕国内市场，积极拓展国际市场，为我国经济的高质量发展注入新的动力和活力。

4. 提高品质和服务水平。在我国新发展理念下，对民营经济高质量发展提高品质和服务水平的要求，就是要推动企业注重产品和服务的质量，加强品牌建设，不断提升产品和服务的竞争力和附加值。这需要民营企业加强质量管理，提高产品和服务的标准化、规范化、品牌化水平，注重顾客满意度和用户体验，不断提高消费者对产品和服务的认可和信任度。同时，要重视人才培养和队伍建设，吸引和培育具有创新能力和服务意识的人才，构建专业化、高效率的服务团队，为消费者提供更加优质、便捷、快速的服务体验，提高企业的市场竞争力和社会责任感。

5. 经济下行压力。我国民营企业所面临的经济下行压力主要表现在市场需求不足、原材料成本上涨、融资困难、减税降费措施缺乏等方面。随着经济增长速度放缓，消费者需求减弱，企业的订单量和市场份额受到较大影响。同时，国内外环境变动使得原材料、人工等成本上涨，进一步压缩了企业的利润空间。此外，融资难、融资贵也是民营企业所面临的重要问题，许多企业需要筹集资金来扩大生产规模、提升技术水平，但受到银行贷款难、利率高等因素的限制。减税降费政策措施缺乏也直接影响了企业发展的动力和盈利能力，企业自身也缺乏足够的抗风险能力。

6. 融资难、融资贵等问题。我国民营企业目前面临的融资难、融资贵等问题主要是由于金融体系的不完善、法律法规的不健全以及银行信贷政策的限制。由于民营企业大多规模较小、信用记录不完善，银行难以给予信贷支持，让许多企业面临资金瓶颈。同时，金融机构的贷款利率较高，让企业融资成本较高，扩大生产规模等成本也因此而上升。此外，发展新技术、新业务也需要大量资金投入，而民营企业很难从银行得到大额的融资支持，这也成为阻碍企业发展的重要因素，需要各方面积极采取措施加以解决。

总之，新发展理念对民营经济的高质量发展提出了更高的要求，同时也存在一些挑战，民营企业需要积极应对，把握机遇，迎接挑战，实现新发展理念提出的目标。

四、目前民营经济在高质量发展方面所遇到的主要问题和困境

民营经济在高质量发展道路上面临很多问题和困境。

1. 不公平待遇和准入难。我国民营企业目前面临的不公平待遇和准入难等问题主要包括政策姑息、行政审批烦琐、竞争不公、市场垄断和地方保护等。虽然政府已经不断加大对民营企业的扶持力度，但在实际操作中，由于政策不完善、执行层面存在问题等原因，民营企业仍面临着政策姑息的问题，未能得到公平的市场竞争环境。同时，政府对民营企业的审批也存在程序烦琐和复杂的问题，导致企业准入困难，增加了管理成本。此外，市场竞争不公和地方保护也成为民营企业的发展障碍，为国有企业或特定企业开拓市场，给民营企业造成了不公平的竞争压力。这些问题给民营企业发展带来了很大的困扰，政府应加大监管和执行力度，改进相关政策，促进营商环境的优化，从而营造更加公平公正的市场竞争环境，支持民营企业发展。

2. 环境和政策限制。我国民营企业目前面临的环境和政策限制等问题主要包括市场准入门槛高、垄断行业竞争激烈、融资渠道收紧、官商关系不确定等。政府部门对市场准入的限制较为严格，民营企业在进入行业和市场时面临很大的挑战。特别是在垄断行业中，民营企业的发展面临更为严峻的挑战。此外，民营企业在融资方面也存在困难，银行贷款难度较大，资本市场门槛高，造成企业融资渠道较为狭窄。另外，官商关系对于企业发展也是不容忽视的因素，官商关系的不确定性也给民营企业带来了许多不便和困扰。面对这些问题，政府应采取更为优惠的政策措施鼓励民营企业发展，降低市场准入门槛、鼓励竞争、提供融资支持等，创造更加完善的有利于民营企业发展的市场环境和政策支持。

3. 难以留住人才。现代经济发展重在人才，而由于薪资、待遇和福利等方面的问题，越来越多的高技能工人和企业的高级管理人才离开了民营企业，造成技术实力和管理能力的下降。而人才难以留住等问题主要是由于工作环境、薪资待遇和职业发展空间等因素的制约。民营企业相对于国有企业和外资企业，在相应职业领域的人力资源的储备、专业技能和资历方面较为薄弱。此外，许多民营企业还存在管理要素不足、人才培养体系不够健全、薪酬福利不足等问题，这都影响了人才在企业中的发展和留住。面对这些问题，民营企业应当注重人才培养和管理，建立完善的人才管理机制，提供更

具竞争力的薪酬福利待遇和广阔的职业发展空间，吸引和留住优秀人才，为企业的可持续发展提供强有力的人才保障。

4. 市场竞争激烈。民营企业面临竞争不大的市场和激烈的市场竞争。具有较高品质的产品和优质的服务不但需要高昂的投入，而且需要更加灵活和敏捷的运营模式。这使得民营企业面临着巨大的经营压力。还有，目前面临的市场竞争激烈等问题主要源于市场经济的发展和市场化程度的提高。随着国内外市场的开放和竞争程度的加剧，民营企业面临巨大的市场压力和竞争压力。一方面，国际知名品牌和大型企业的进入使得市场份额更加集中，这使得小型民营企业很难在市场上立足。另一方面，新兴行业和技术的快速发展也使得民营企业需要不断提高技术水平和产品质量，这样才能更好地满足消费者的需求。面对这些问题，民营企业需要不断创新、提升自身竞争力，通过降低成本、改进产品、增强服务意识等多种方式来获得市场竞争优势，提高企业的生存和发展能力。

在民营企业高质量发展道路上，需要政府采取措施来优化创业创新环境，加强市场化、现代化、法治化的公共服务，不断健全市场化机制，推动企业自主转型升级，增强国内担当，塑造民营企业高质量发展的新样板。

第二节　新发展理念下民营经济
高质量发展对策建议

一、提高民营企业创新发展能力

提高民营企业创新发展能力是推动经济发展和实现可持续增长的关键因素之一。随着全球经济的不断变化和竞争的加剧，民营企业需要不断适应新的市场环境和技术变革，才能保持竞争优势和实现长期发展。

首先，政策支持是提高民营企业创新发展能力的重要保障。政府应制订有利于创新的政策措施，为民营企业提供更好的发展环境和资源支持。这包括简化行政审批程序、减少税收负担、加大知识产权保护力度等。政府还可以通过设立创新基金、引导社会资本投入创新领域等方式，为民营企业提供资金支持。同时，政府还应加强对创新企业的监管和服务，激励企业进行技术研发和创新活动。

其次，技术创新是提高民营企业创新发展能力的核心。民营企业应积极引进和消化吸收国内外先进的技术和管理经验，不断提升自身的创新能力。同时，企业应加强自主研发和创新，投入更多资源进行科学研究和技术开发。鼓励企业与高等院校、科研机构建立合作关系，共享科研资源和人才，推动科技成果转化为实际生产力。此外，民营企业还应加强与供应链上各方的合作，共同开展创新活动，提高整个产业链的创新能力。

再次，人才培养是提高民营企业创新发展能力的重要保障。企业应注重人才引进和培养，建立完善的人才激励机制和培训体系。吸引高素质人才加入企业，提供良好的职业发展机会和培训资源。同时，企业应加强对内部员工的培训和技能提升，增强员工的创新意识和能力。此外，企业还应与高校、科研院所等建立紧密的合作关系，共同培养创新型人才，为企业的创新发展提供源源不断的人才支持。

最后，市场开拓是提高民营企业创新发展能力的重要途径。企业应积极拓展国内外市场，开拓新的业务领域和销售渠道。在市场竞争中，企业不断面临新的挑战和机遇，需要不断创新和调整战略。同时，企业应加强与客户的沟通和合作，了解市场需求，提供更加符合市场需求的产品和服务。通过市场开拓，企业可以不断获得新的创新机会，推动企业的创新发展。

综上所述，提高民营企业创新发展能力需要政府的政策支持、企业的技术创新、人才培养和市场开拓等多方面的努力。只有不断加强创新能力，民营企业才能在激烈的市场竞争中立于不败之地，并为经济发展作出更大的贡献。

二、建立数字化、智能化的民营企业运营体系

在如今竞争日益激烈的商业环境中，建立数字化、智能化的企业运营体系已成为提高企业效率和竞争力的必然选择。随着科技的不断发展，企业运营方式也在发生着深刻的变革。以下是几个具体的建议，旨在帮助企业在这个数字时代取得更为显著的进步。

1. 数据采集和分析。为了建立数字化、智能化的企业运营体系，首要任

务是建立完善的数据采集系统。在信息时代，数据成为企业宝贵的资产，它涵盖了生产、销售、物流、客户反馈等方方面面的信息。企业应当建立系统化的数据采集机制，确保涵盖全面、准确、实时的数据来源。借助先进的数据分析工具，企业可以对这些数据进行深入挖掘和分析，从中发现潜在问题，制订有针对性的解决方案。这种数据驱动的决策方式将使企业在面对快速变化的市场时能够抢占先机，因为它们能够以真实可靠的数据为依据，而非凭空臆测。

2. 运用物联网技术。物联网技术的引入是建立数字化、智能化运营体系的关键步骤。随着物联网技术的成熟和普及，企业可以实现各个环节的设备、机器、产品等与云端的智能连接。这种智能化的连接方式将实现自动化的数据采集和实时监控，不仅提高了生产和管理的可靠性，还为企业带来更加高效和灵活的生产和管理方式。通过物联网技术，企业能够更加精准地掌握运营情况，及时发现异常，进而优化生产流程，提高运营效率。此外，物联网技术还能为企业带来更多的商机和创新可能性，拓展企业的发展空间。

3. 加强人工智能应用。在数字化、智能化运营体系中，人工智能的应用给企业运营带来了革命性的影响。建立人工智能系统，并将其应用于企业运营监管、生产调度、质量控制、预测分析等方面，将带来惊人的效果。人工智能可以对海量数据进行智能分析，发现隐藏的规律和趋势，辅助企业高效有序地整合各项资源，实现从数字化到智能化的转变。这样一来，企业在决策制订和资源配置上更加科学化和精准化，进一步提高运营效率和竞争力。人工智能的不断演进将为企业带来更多的商业机会和创新发展的可能性。

4. 实施数字化办公。在数字化、智能化的企业运营体系中，数字化办公也扮演着至关重要的角色。企业应该对信息化分布式协同办公平台进行全方位的优化。通过流程化、规范化、数据化的管理，传统的纸质文件可以方便地转化为电子文件，同时实现各部门之间的信息共享。这种电子化办公方式不仅可以大幅降低管理和办公成本，还可以加快信息传递和决策反应速度，从而使企业运营更加高效和便捷。

数字化办公的优势在于它的高度便利性和可靠性。传统的纸质文件管理往往需要耗费大量的时间和人力，而且容易出现遗漏和丢失的情况。然而，数字化办公将文件存储在数字化的平台上，使得文件的检索和共享变得极其方便，大大节约了人力成本。同时，数字文件的备份和保护措施可以确保文件的安全性，避免了传统文件管理中纸质文件易受损或被灭失的困扰。

此外，数字化办公也有助于推动企业的绿色环保战略。传统的纸张消耗大量森林资源，并会产生大量废弃物，对环境造成严重影响。而电子化办公有效减少了对环境的压力，有利于企业实现可持续发展。

5. 引进数智化企业管理软件。2023 年 7 月 14 日，《中共中央 国务院关于促进民营经济发展壮大的意见》发布，提出 31 条政策举措，其中便提出要"加快推动数字化转型和技术改造。鼓励民营企业开展数字化共性技术研发，参与数据中心、工业互联网等新型基础设施投资建设和应用创新。支持中小企业数字化转型，推动低成本、模块化智能制造设备和系统的推广应用"。加快中小企业数字化转型，是推动中小企业高质量发展的重要抓手，对于提高中小企业竞争力具有重要意义，而适合的数字化企业管理软件是数字化、智能化运营体系的得力助手。不同类型的企业管理软件针对不同的业务需求，企业可以根据自身情况选择适合的软件，以帮助企业实现各级组织结构和流程的优化。这些管理软件能够有效地支持企业的生产计划、库存控制、人员管理等，可提高管理水平和决策效率。

企业管理软件的引进可以使企业的管理更加科学和精细化。通过软件的数据统计和分析功能，企业领导层可以更好地了解企业运营的实际情况，做出更明智的决策。此外，管理软件可以使许多烦琐的管理流程自动化，减轻员工的工作压力，提高工作效率。

综上所述，建立数字化、智能化的企业运营体系是提高企业管理效率和竞争力的重要举措。通过建立数据采集和分析系统、运用物联网技术、加强人工智能应用、实施电子化办公和引进企业管理软件等一系列措施，企业能够迎接数字时代的挑战，实现从数字化到智能化的转变，为企业的长远发展奠定坚实基础。

三、促进民营企业与区域协调发展深度融合

随着全球化和市场经济的发展，民营企业在中国经济中扮演着越来越重要的角色。然而，在现实中，民营企业的发展往往面临着区域发展不平衡的问题。一些地区的民营企业发展迅速，而一些地区则相对滞后。这种区域发展不平衡不仅影响了国民经济的整体水平，也制约了民营企业的发展潜力。因此，促进民营企业与区域协调发展深度融合成为当下重要的议题。

深度融合有助于实现各地区资源的有效配置和协同发展。不同地区具有不同的产业和资源优势，通过深度融合，可以更好地协同利用这些优势。例如，发展先进制造业的地区可以与创新型民营企业合作，提高产业附加值；资源丰富的地区可以与民营企业合作开发资源，促进资源的可持续开发。这样的合作有助于减少地区之间的发展差距，推动经济的均衡发展。

深度融合为民营企业提供更多的市场机会和发展空间。合作与协同发展可以让企业更容易进入新市场、开发新产品，并借助区域内的资源和合作伙伴提高生产效率。此外，与政府和其他企业的合作也可以帮助民营企业应对市场竞争和风险，提高其长期竞争力。

深度融合有助于激发创新潜力。不同领域、不同行业的合作可以促进知识交流和技术创新。地方政府可以提供创新政策和支持，鼓励企业进行研发投入，推动创新产业的发展。同时，深度融合也可以创造更多的就业机会，通过合作和共同发展，企业需要更多的人力资源，从而促进就业增长。

地方政府在深度融合战略中扮演着关键角色。为了促进民营企业的发展，政府可以采取更积极的措施。这包括不仅要制订更加开放和友好的政策，还要确保政策的透明度和稳定性，以便企业能够更好地规划长期投资。此外，政府还应降低准入门槛，简化烦琐的审批流程，减少企业创业和运营的障碍，从而创造更有利于创新和竞争的环境。

深度融合要求企业不断提高技术水平，以适应日益激烈的市场竞争。政府可以通过提供财政激励等措施，鼓励民营企业增加在研发方面的投资。此外，与高校和研究机构的合作也至关重要，这有助于将最新的科研成果转化为实际应用，并提高企业的创新能力。技术创新不仅可以提升产品和服务质量，还可以增强企业的核心竞争力，使其更具市场竞争力。

为了支持民营企业的发展，建立多元化和灵活的融资渠道至关重要。这可以包括与银行合作，以获取传统的银行信贷，也可以包括吸引风险投资，通过股权融资来提高企业的资本实力。此外，债券市场也是一种重要的融资渠道，可以帮助企业筹集大规模的长期资本。政府可以在这方面发挥引导和支持的作用，确保民营企业能够获得他们所需的资金，无论是用于扩大规模还是进行创新投资。

在深度融合战略中，人才是最宝贵的资产之一。政府可以提供培训课程，以帮助民营企业提升管理水平和员工技能。这可以通过与职业培训机构和行业协会合作来实现。此外，引进高素质的人才也是关键，政府可以通过吸引国际和国内的顶级人才来提升企业的创新和管理水平。这将有助于增强企业的竞争力，使其能够更好地适应市场的变化和挑战。

通过采取这些措施，政府和企业可以共同推动深度融合战略的实施，促进民营企业的持续发展和繁荣，为经济增长和创新创造更有利的条件。这不仅有助于企业获得更好的经济表现，还能够为社会创造更多的就业机会和更高的生活质量。

四、推动民营企业国际化发展战略

民营企业实施国际化发展战略需要考虑多方面因素，以下是几点建议。

1. 建立全球化思维。民营企业需要具有全球视野，加强对国际市场的了解，了解各国市场的需求和特点，制订有针对性的国际化战略。要建立全球化思维，民营企业可以通过以下几个方面来实现：首先，建立国际化团队，招聘具有国际视野和连接全球市场的人才，增强公司在全球的竞争力。其次，加强国际化营销，制订全球化营销策略，同时推进数字化营销，利用互联网和社交媒体平台更好地与全球消费者进行互动。再次，参与国际贸易和合作，尤其是加入更广泛的跨国贸易协议，整合资源、提高效率、开辟市场，让企业真正实现跨越式发展。最后，加强对全球化趋势的理解和适应，跟踪全球市场变化，了解各国政策、法规和文化差异，为企业发展做好应对准备。这些做法有助于民营企业建立全球化思维，在竞争日益激烈的全球市场中立足、发展。

2. 提高企业核心竞争力。为了提高企业核心竞争力，民营企业可以从以下几个方面入手：首先，加强创新能力，通过开展技术研发和推出适应市场需求的新产品，来提高企业的核心竞争力。其次，注重品牌建设，打造品质化、专业化和品牌化的企业形象，提高顾客对企业的认知度和忠诚度。再次，加强人才建设，重视人才培养、引进和激励，优化组织结构和流程，培育高素质、团结协作、敢于创新的团队。最后，注重管理和质量控制，从生产流程控制、品质管理、成本管理和供应链管理等方面提高企业的管理水平和效率。这些措施有助于民营企业提高企业核心竞争力，获得市场竞争优势。

3. 拓展海外市场。民营企业可以寻找海外代理商，建立海外销售渠道，在海外市场开展宣传推广活动，并积极参与国际展会等活动，提高产品知名度。要拓展海外市场，民营企业可以从以下几个方面入手：首先，了解目标市场的文化、市场需求、竞争环境等信息，制订适合该市场的销售策略和产品方案。其次，寻找可靠的当地代理商或合作伙伴，利用当地资源和人脉，提高进入市场的成功率。再次，积极参加国际贸易展览会等活动，扩大企业知名度和影响力。最后，加强对外宣传和品牌建设，利用网络、社交媒体等渠道宣传企业和产品，提高品牌的知名度和美誉度。这些措施可以帮助民营企业顺利拓展海外市场，开拓更广阔的业务发展空间。

4. 寻找海外合作伙伴。民营企业可以与海外企业建立合资公司或合作伙伴关系，利用对方的资金、技术、市场资源，共同开拓国际市场，降低国际化战略的风险。民营企业可以通过以下几个步骤来寻找海外合作伙伴：首先，确定合作的目标市场和领域，了解该市场的商业环境和需求，明确自身的发展规划和需求。其次，通过商业展会、贸易机构、商会等方式寻找潜在的合作伙伴，建立联系并了解其公司情况。再次，收集市场信息，了解市场上的潜在搭档和竞争情况，对比筛选，确保对方符合企业需求，并且是可靠的合作方。最后，建立起互相信任的合作关系，注重传递信息和交流信息，共同探索市场，开创新的发展机遇。通过以上措施，民营企业可以有效寻找到合适的海外合作伙伴，加速海外市场的拓展和发展。

5. 加强品牌建设。民营企业要注重品牌建设，在国际市场上提升品牌知名度和认可度。要开展品牌战略规划和品牌管理工作，塑造与企业实际情况相符合的品牌形象，明确品牌定位，提高品牌的国际化水平。民营企业可以通过以下几个步骤加强品牌建设：首先，制订明确的品牌策略，明晰定位，确定企业核心竞争力和差异化特点，打造独特的品牌形象。其次，注重产品或服务的质量和品质，积极推广和宣传企业品牌，加强与消费者的互动和沟通，建立良好的口碑和信用。再次，利用线上和线下渠道广泛宣传品牌形象和价值观，创新营销手段，提高品牌知名度和美誉度，逐步扩大品牌影响力和市场份额。最后，不断提升品牌管理水平，完善品牌形象和营销策略，做好品牌推广和管理，确保企业品牌具备长期的市场竞争力。通过这些努力，民营企业可以加强品牌建设，增强市场地位和竞争力，实现快速发展和可持续发展。

综上所述，民营企业要实施国际化战略，需要建立全球化思维，提高企业核心竞争力，拓展海外市场，寻找海外合作伙伴，加强品牌建设等。同时，企业要注重合规经营，加强对国际市场风险的防范和应对，制订适合企业实际情况的国际化发展计划。

五、助力民营企业服务共同富裕目标

根据最新的统计数据，民营企业贡献了中国经济总量的近70%，并提供了大量的就业机会。因此，民营企业作为市场经济中的一个重要主体，在加强企业社会责任意识方面具有重要的作用。以下是一些建议。

1. 强化企业社会责任教育。企业应当深刻认识到社会责任的重要性，并将其作为企业文化建设和员工培训的重要内容。这种责任教育应当是持续、系统的过程，通过定期组织专题讲座、培训活动等方式，提升员工对社会责任的认知度。在这样的教育中，企业可以向员工深入解释企业在社会中的角色和影响，让他们明白企业的存在和发展不仅是为了追求经济利益，更要承担起对社会和环境的责任。帮助员工认识到企业责任与监管之间的关系，从而增强企业对于社会的责任感，让员工从内心深处愿意为社会作出贡献。这样的教育措施不仅有助于增强员工的社会责任意识，也有助于形成企业内部的共识，使社会责任成为企业行为的内在驱动力。

2. 积极推进绿色"双碳"项目。在实现"双碳"目标的过程中，全社会需要加快形成绿色低碳发展方式，以促进实现经济发展和环境保护双赢。作为社会的重要一分子，这个过程中自然也离不开民营企业的参与。《中共中央 国务院关于促进民营经济发展壮大的意见》明确指出，支持民营企业参与推进碳达峰碳中和，提供减碳技术和服务，加大可再生能源发电和储能等领域投资力度，参与碳排放权、用能权交易。

在"双碳"的赛道中，也将对我国企业绿色低碳转型与企业创新产生重大影响，绿色低碳转型升级和可持续发展成为企业高质量发展的必由之路，民营企业也应当抓住机遇，从自身经营角度出发，积极参加碳市场交易，着力使低碳技术向绿色低碳方向转型，开辟"双碳"发展新赛道。

民营企业要充分认识做好碳达峰、碳中和工作的重要意义，加快转型升级，努力实现绿色低碳发展。

（1）做好碳排放测算。企业需要了解自身的碳排放情况，包括生产经营管理活动的碳足迹，各工艺环节、重点设备的能效以及能源资源利用情况。

（2）确定碳减排路径。结合企业的具体情况，考虑利用产能替换、采用节能技术改造、更新设备、推动能源低碳化、促进资源循环利用、实施固碳措施、进行数字化改造等多种途径，规划出可行的碳减排方案，并确定实现碳达峰和碳中和目标的时间表和路线图。

（3）加强创新支撑。推动开展研究低碳、零碳、负碳以及储能新材料、新技术和新装备的攻关工作。应该积极参与国家和省级重点实验室，技术创新中心等科技创新平台的建设，以推动节能降碳和新能源技术产品的研发。

（4）做好人才保障。要根据企业所在产业需要和行业特点，通过企业实践锻炼、产学研合作、专业培训等方式，培养高素质创新型绿色低碳技术人才和管理人才。

（5）履行社会责任。要坚持减污降碳协同增效，积极践行绿色发展理念，履行环保主体责任。加快推动绿色低碳发展，加强能源资源节约，深入打好污染防治攻坚战，切实维护生态环境安全。

3. 关注员工福利。民营企业应当始终关注员工的薪酬待遇、劳动保障以及职业健康等问题。员工是企业最宝贵的资源，关注员工福利不仅有助于凝聚员工的士气和向心力，更是体现企业社会责任的重要方面。为员工提供更好的工作和生活环境，提高员工的幸福感和参与度，是企业为员工创造更好工作体验的关键。员工的满意度和幸福感直接影响着企业的稳定和发展，因此，关注员工福利也是关注企业自身利益的体现。在员工福利方面，企业可以综合考虑提供具有竞争力的薪酬福利、良好的工作环境和发展机会、完善的职业培训等，不断提升员工的工作满意度和归属感。同时，关注员工的职业健康和工作安全，提供必要的保障和支持，确保员工在工作中能够得到妥善的关怀和保护。员工是企业的骨干力量，关注员工福利不仅有助于增强员工的归属感和企业对社会的担当感，更有助于形成积极向上的企业文化，提升企业的整体竞争力。

4. 参与公益慈善活动。在履行企业社会责任的过程中，公益慈善活动扮演着至关重要的角色。作为企业的一部分，积极参与公益慈善活动是企业践行社会责任的重要方式之一。举措包括但不限于创办人道主义基金、推动人类发展计划等。通过这些具体的项目，企业可以向弱势群体、贫困地区等提供帮助和支持，从而为社会注入正能量，促进社会公平与和谐。参与公益慈善活动不仅是企业社会责任的体现，更是对社会回馈的具体表现，为社会的繁荣与进步贡献了一份热忱的心意。

这些公益慈善活动不仅有助于解决社会问题和改善民生，也是企业融入社会的重要途径。通过与公益机构合作，企业能够更好地了解社会需求，更加深入地参与社区建设，为所在地区的可持续发展贡献力量。而且，公益慈善活动的开展不仅需要企业的资金支持，更需要员工的积极参与，因为他们是企业社会责任实践的重要推动者。

5. 认真履行税务义务。除了积极参与公益慈善活动，认真履行税务义务也是企业履行社会责任的重要方面。作为国家的一员，民营企业应当遵守税收法规，合法纳税，为社会提供足够的税收，为国家贡献一份实实在在的力量。税收是国家的重要财政收入来源，也是支持社会发展的基石。企业认真履行税务义务，不仅是企业社会责任的体现，更是对国家和社会的应有贡献。

通过按时足额地缴纳税款，企业能够为国家的基础设施建设、教育事业、社会保障等提供可靠的财政支持。合法纳税不仅是企业的法定义务，更是企业积极参与社会治理的重要表现。企业通过合规纳税，不仅有助于维护国家财政的稳定，还能为社会创造更多就业机会，提供更好的社会保障和公共服务，推动社会经济稳健发展。

中国政府已经出台了一系列政策，以支持民营企业的发展和共同富裕目标的实现。这些政策包括减税降费、优化营商环境、金融扶持等。这些政策的出台，显示了中国政府对民营企业发展的高度重视和支持。

进一步优化营商环境：政府应继续优化营商环境，降低民营企业的经营成本和门槛。例如，通过简化审批流程、降低税负等措施，为民营企业创造更加公平、公正的市场环境。

加强金融扶持：政府应加大对民营企业的金融扶持力度，解决它们在融资方面的问题。例如，通过创新金融产品和服务、完善融资担保体系等措施，为民营企业提供更加稳定、灵活的融资支持。

推动创新驱动发展：政府应鼓励和支持民营企业进行技术创新和模式创新，提高其市场竞争力。例如，通过加大科技创新投入、搭建创新平台等措施，推动民营企业实现创新驱动发展。

促进社会责任履行：政府应引导和促进民营企业积极履行社会责任，推动共同富裕目标的实现。例如，通过制订企业社会责任标准、开展公益活动等措施，鼓励民营企业为社会作出更多贡献。

加强政策协调与落实：政府各相关部门应加强政策协调，确保各项支持民营企业发展的政策能够得到有效落实。同时，政府应加强对政策实施效果的评估和监督，及时调整和完善相关政策。

总之，助力民营企业服务共同富裕目标是一个系统性的工程，需要政府、社会和民营企业共同努力。只有通过打造良好的政策环境、提供全方位的支持和服务，才能使民营企业充分发挥其重要作用，推动实现共同富裕目标。在这个过程中，我们期待看到更多的创新和合作，以实现可持续的经济发展和社会进步。

第三节　新发展理念下民营经济高质量发展实施路径和关键因素

一、实施路径

在新发展理念指引下，民营经济实现高质量发展需要通过以下路径。

1. 推进供给侧结构性改革。为了实现高质量发展，民营经济必须持续推进供给侧结构性改革。这意味着要在市场需求的基础上进行产品和服务的供给调整，使其更加贴近消费者的实际需求，从而优化供需结构并提升经济效益。在这一关键过程中，民营企业将扮演至关重要的角色。作为经济发展中的重要力量，民营企业应不断增强创新能力，加大技术研发和产品创新的投入，以提供更具竞争力的产品和服务。同时，他们还应坚持不懈地提高产品质量，确保产品达到国际标准，从而迈向高质量发展的道路。

为了顺利实施这一路径，政府和企业需要共同努力。政府应当积极提供支持和引导，通过制订相关政策，为民营企业提供更好的市场环境和政策环境。例如，降低税收负担、简化审批程序、优化营商环境等措施可以吸引更多的民营企业参与供给侧结构性改革。另外，政府还应加大对中小民营企业的支持力度，通过贷款、资金补贴等方式提供必要的融资支持，帮助他们渡过难关，稳定经营并实现长期可持续发展。

同时，民营企业自身也需要积极主动地适应和引领供给侧结构性改革。他们应不断提升管理水平和技术能力，加强内部创新机制建设，鼓励员工积极参与创新活动，并与高校、科研院所等建立合作关系，共同开展科研项目，推动技术创新和产品升级。此外，民营企业还应注重市场营销，深入了解消费者需求变化，灵活调整产品结构和营销策略，提供更加个性化和差异化的产品和服务，增强竞争力。

　　总之，实施供给侧结构性改革是实现高质量发展的必然选择。在这一过程中，政府和民营企业应加强合作，共同努力，通过优化市场环境、提供融资支持、加强创新能力等措施，推动供给侧结构性改革取得实质性成果，为民营经济发展注入新的活力。

　　2. 提高营商环境质量。为了激发民营企业的创造力和活力，必须持续提高营商环境的质量。这包括降低企业成本，通过优化税收政策、简化行政审批环节等方式，减轻企业的负担。同时，还应该破除准入壁垒，为民营企业提供更加开放的市场准入机制。此外，应进一步完善市场信用体系，加强信用评估和监管，以营造一个公平竞争的市场环境，让民营企业在公正的竞争中获得更多的发展机遇。

　　通过改善营商环境，民营企业将能够更好地发挥自身优势，展现出更大的发展潜力和创新活力。这样的环境将激发民营企业的投资信心，促进其增加对新技术和新产业的投入，加速转型升级，以适应日益复杂和多变的市场需求。

　　3. 建立"多层次、广覆盖"普惠金融服务体系。为了更好地支持民营企业的融资需求，我们应该建立"多层次、广覆盖"的金融服务体系。这意味着通过多种金融工具，为不同规模和层次的民营企业提供个性化、灵活的融资支持。同时，需要优化金融业的服务机制，确保金融资源更好地服务于实体经济，为民营企业的发展提供稳固的金融支持。

　　在建立"多层次、广覆盖"的金融服务体系中，一个重要的举措是鼓励和引导金融机构开展差异化的信贷业务。通过综合考量企业的规模、行业特点、发展阶段等因素，金融机构可以为民营企业提供定制化的信贷产品和服务。例如，对于初创期的企业，可以提供风险投资、创业贷款等创新性融资方式；对于成长期的企业，可以提供中长期贷款、股权融资等支持扩大生产规模和技术升级的融资方式；对于稳定期的企业，可以提供流动资金贷款、应收账款融资等帮助企业解决短期资金周转问题的融资方式。通过这种差异化的信贷业务，可以更好地满足不同类型企业的融资需求，促进其稳定发展。

另一个重要的举措是完善金融市场体系，提高金融市场的运作效率和透明度。建立健全股票市场、债券市场和创业板市场等，提供多元化的融资渠道，吸引更多投资者参与，增加融资来源。此外，还应加强金融监管，保障金融市场的正常运行和投资者的合法权益，提升金融市场的信任度和稳定性。

除了完善金融服务体系外，还应加强金融知识普及和培训，提高民营企业的金融素质和风险意识。通过开展金融知识宣传活动、举办培训班和研讨会等方式，帮助企业了解金融市场规则和操作技巧，提高融资能力和风险管理水平。同时，也需要加强金融机构与企业之间的沟通和合作，建立长期稳定的合作关系，为企业提供更加全面、个性化的金融服务。

4. 推动数字化转型升级。民营经济数字化转型是实现高质量发展的必由之路。作为社会主义市场经济活力、潜力和创造力的典型代表，民营企业是商业创新的重要主体、民间投资的重要来源、进出口贸易的生力军、地方财政收支的重要源泉和繁荣城乡经济的有力支撑。通过数字化转型，民营企业能够培育新动能，推动新发展，特别是在优化资源配置、提升全要素生产力、促进消费、服务及产业升级等方面，为我国在国际产业链分工中提升竞争力提供有力支撑。此外，结合数据要素与传统要素，将数字技术深度融入企业业务流程，利用算力、算法和数据构建智能化闭环，有助于实现产业链的降本增效，为民营经济的持续健康发展注入新动力。

5. 提高人才培训和引进的效率和质量。人才是企业发展的重要资源，因此，民营企业需要增加对人才的投入，提高人才培训和引进的效率和质量。人才的培养和引进是民营企业持续发展的关键所在。企业应该加强对员工的培训和学习机会，提供多样化的培训计划，培养员工的综合能力和提高技能水平，使他们能够与时代步伐保持同步，适应企业发展的需求变化。优秀的员工培养计划不仅可以提高员工的工作积极性和效率，还有助于凝聚企业内部的向心力和团队凝聚力。

同时，为了吸引和留住高端人才，民营企业也需要在薪酬福利、职业发展和工作环境等方面作出更具竞争力的安排。优厚的薪资待遇和丰富的福利政策能够吸引更多高素质的人才加入企业。而广阔的职业发展空间和良好的工作环境，则有助于员工在企业内部实现个人价值的最大化。此外，为员工搭建良好的学习成长平台以及提供广泛的晋升机会和发展空间，让员工能够在企业内部获得稳定的职业发展，使员工对企业的忠诚度和归属感得以提高。

6. 推动"双碳"绿色生产方式。在新发展理念的引领下，民营经济迈向高质量发展已经成为当前中国经济发展的关键目标之一。为实现这一目标，我们必须积极推动"双碳"绿色生产方式，以应对气候变化、生态环境保护和经济可持续性等重大挑战。

首先，推动"双碳"绿色生产方式意味着民营企业需要更多地依赖清洁能源，减少对高碳能源的依赖。这将有助于降低碳排放，减缓气候变化对经济和社会的不利影响。民营企业可以通过投资绿色能源项目、改进生产工艺和技术来实现这一目标。此外，政府可以出台激励政策，鼓励企业采用清洁能源，例如太阳能和风能，以减少温室气体排放。

其次，实现"双碳"绿色生产方式需要加强资源利用效率。这包括减少能源和原材料的浪费，提高生产过程的能效。民营企业可以通过优化生产流程、引入智能制造和物联网技术来提高资源利用效率。此外，企业还可以采用循环经济模式，促进废物资源化利用，降低环境负担。

再次，绿色供应链管理也是推动"双碳"绿色生产方式的关键一环。民营企业可以与供应链上的合作伙伴合作，共同推动绿色供应链的建设。这包括选择环保友好的供应商、推动供应商改善环境性能以及优化物流和运输方式以减少碳排放。通过构建可持续的供应链，企业可以降低整个产业链的碳足迹。

最后，政府在推动"双碳"绿色生产方式方面扮演着关键的角色。政府可以提供财政支持和税收激励，鼓励企业投资绿色技术和创新。此外，政府还可以加强监管和标准制定，确保企业遵守环保法规，推动绿色生产方式的普及和规范化。

综上所述，为了实现高质量发展，民营经济需要积极转型升级，加强科技创新和产品质量，参与国内外竞争，提高核心竞争力，最终发展成为技术含量较高、贡献率较大、国际影响较大的企业。通过探索上述路径，民营企业可以在新的发展理念的引领下，迈向更加稳健和可持续的发展道路。

二、关键因素

在新发展理念的指导下，民营经济要实现高质量的发展，关键因素不可或缺。这些因素相互作用，共同构建了民营经济蓬勃发展的基石。

1. 创新能力被视为民营经济发展的生产力和优势崛起的关键。随着社会经济的不断发展和科技的飞速进步，创新已经成为企业在激烈市场竞争中脱颖而出的核心能力。对于民营企业而言，加强创新意识、培养创新文化已成为取得持续竞争优势的必由之路。当企业注重不断挖掘员工的创造潜能、不惧于尝试新思路和新技术时，就能保持敏锐的洞察力，紧跟市场需求变化，从而迎头赶上乃至引领行业发展的潮流。

在推动创新的过程中，民营企业还需积极鼓励员工勇于提出新点子，给予充分的自由空间和支持，让他们敢于冒险。同时，紧密结合市场需求，与科研机构、高校等合作，采纳引领前沿的技术成果，通过开展技术合作与创新，提升产品质量，优化服务水平。只有不断推陈出新，不断突破自身的技术瓶颈，民营经济才能不断增强核心竞争力，实现高质量发展。

2. 优质人才是民营经济价值创造的主要动力。在新发展理念的指引下，民营企业深知，只有拥有一支高素质、富有创造力的团队，才能够实现更大范围的价值创造。优秀的人才是企业的宝贵资源，他们的积极投入和智慧决定了企业的兴衰成败。因此，吸引、培养和留住优秀人才成为民营企业在新时代的当务之急。

为了吸引高层次的人才，民营企业应该积极提供具有竞争力的薪酬福利，搭建广阔的发展平台，让优秀人才在企业中施展才华。同时，民营企业还应致力于为员工提供全方位的职业培训，不断提高其综合素质和专业技能。激励员工发挥创新潜能，也需要建立一套科学合理的激励机制，将创新成果与个人收益相挂钩，激发他们的积极性和创造力。只有让人才在民营企业中有所作为、有所获得，才能增强企业的凝聚力和竞争力，推动企业实现创新发展的目标。

3. 优良的营商环境是实现高质量发展的基础。在当今快节奏的商业世界中，一个良好的营商环境对民营企业的发展至关重要。它包括市场环境和法治环境的双重支撑。只有在这样的环境下，民营企业才能像春风化雨般茁壮成长，发挥出应有的生机与活力。

政府在营造优良的营商环境方面扮演着重要角色。积极为民营企业提供各类支持，例如，减少税费负担，简化办事程序，降低行政审批时间，为民营企业的发展创造更多便利。特别是在解决融资难题上，政府应采取更加灵活多样的措施，创造条件让民营企业获得更多的融资渠道，从而满足它们多样化的资金需求。同时，加强知识产权保护，打击侵权行为，为企业的创新发展提供坚实保障。

在优良的营商环境中，公平竞争是不可或缺的。政府应当着力构建市场监管体系，确保竞争环境的公平、透明，杜绝市场垄断和不正当竞争行为。这样，民营企业才能在公平的竞争环境中脱颖而出，实现高质量的发展。

4. 充足的资金支持是民营经济持续发展的保障。民营经济作为现代市场经济的重要组成部分，其发展离不开充足的资金注入。只有通过建立多层次的金融体系，才能为民营企业提供更广泛的融资途径，满足其多样化的融资需求。

在构建多层次金融体系的过程中，加强信用体系建设显得尤为重要。信用是经济交往的灵魂，良好的信用能够使企业在金融市场上获得更多的信任和优惠条件。政府可以通过完善信用评级机制，鼓励民营企业树立良好的信誉，提高其信用等级，从而降低融资成本，吸引更多资金流入实体经济。

此外，还需要不断拓展融资渠道，为民营企业提供更多样化的融资选择。除了传统的银行贷款，还可以通过债券发行、股权融资、创业投资等方式，为企业筹措资金。政府可以制订相应的政策和规划，推动金融市场的开放和创新，为民营企业打造更加便捷高效的融资环境。

在资金支持方面，为民营企业提供灵活多样的融资服务也是至关重要的。根据企业的不同发展阶段和特点，量身定制融资方案，帮助企业更好地解决融资难题，实现长期稳健的发展。只有在充足的资金支持下，民营经济才能在市场竞争中立于不败之地，实现高质量发展的目标。

5. 转型升级是民营经济高质量发展的必由之路。在经济形势不断演变的背景下，民营企业面临着更加激烈的市场竞争和巨大的发展压力。为了应对这些挑战，民营企业必须不断加强技术创新，进行产品升级和管理提升，不断提高自身的竞争力和适应力。

随着科技的进步和市场的不断变化，民营企业必须积极拥抱新技术，加大科技研发投入，推动技术创新。只有紧跟时代的步伐，持续改进产品和服务，才能满足消费者日益增长的多样化需求，保持竞争优势。

除了技术创新，还要加强产品升级和管理提升、优化产品结构、提高产品品质，不断满足市场的多样化需求。同时，加强企业内部管理，提高运营效率，降低成本，提高资源利用效率。

建立可持续发展的现代企业制度也是转型升级的关键。现代企业制度是推动企业稳健发展的基石，是提高企业治理效能和市场竞争力的重要保障。在现代企业制度的引导下，民营企业可以更好地融入国家发展战略，积极响应"中国制造2025"等重要战略，实现经济高质量发展。

综上所述，创新能力、优质人才、营商环境、金融支持以及绿色化、数字转型升级是新发展理念下民营经济高质量发展的不可或缺的关键因素。只有在这些因素的共同促进下，民营经济才能持续蓬勃发展，为国家经济稳健增长和社会繁荣作出更大贡献。

第八章

结论与政策启示

第一节 新发展理念下我国民营经济
高质量发展前景展望

在新时代，民营企业在践行新发展理念、推动经济高质量发展方面正发挥着更加积极的作用。它们通过加强自主创新、转型升级、品牌建设和人才培养等方面的努力，为经济发展注入新的动力和活力。同时，民营企业也积极响应国家号召，为推进创新驱动、绿色发展和开放合作作出贡献。民营企业在经济高质量发展中的积极参与将进一步推动中国经济朝着更加可持续、创新驱动的方向迈进。

一、积极推动创新发展

目前，全球正经历着新的科技革命和产业变革的蓬勃发展。为了避免被淘汰，企业必须及时调整自身战略，与时俱进。尽管中国的民营企业起步较晚且资源有限，但它们具备灵活的机制、敏锐的市场洞察力和高效的运营能力，这使得它们拥有巨大的创新潜力。通过不断在技术、管理、制度和商业模式等方面进行革新，这些企业为中国经济的快速增长作出了显著贡献，并取得了令人赞叹的创新成果。在全球竞争日益激烈的今天，中国的民营企业正展现出强大的创新活力和巨大的发展潜力。

早在20世纪80年代初，民营科技企业便开始崭露头角，成为经济发展的重要推动力。随着时间的推移，这些企业在积累经验后纷纷提出了"二次创业"的目标，主要聚焦于加速科技成果的产业化进程。统计数据显示，1993~1997年，全国民营科技企业的数量从1.86万家激增至6.5万家，固定就业人口从75.12万人增长到315.5万人，同时上缴税收总额也从32.79亿元攀升至265.6亿元。在研发投入方面，民营科技企业在1997年的投入金额达到了2163亿元，当年产品销售收入更是高达43260亿元，其中研发投入占比约为5.0%。值得注意的是，一些民营科技企业的研发投入占比甚至高达10%，这远超过了当时我国大中型工业企业研发经费占销售额1.2%的平均水平。在固定就业人员中，科技人才的占比也超过了30%，部分企业更是高达50%，这进一步凸显了民营科技企业在科技人才培养和引进方面的优势。

进入21世纪，民营企业已经进一步扩展其业务范围，涉足战略性新兴产业和新经济领域。自党的十八大以来，民营企业不断增加自主研发投入，勇攀重重困难关键领域的核心技术难题，为推动经济高质量发展发挥了积极作用。规模庞大的民营企业可谓是我国民营经济创新发展的中坚力量。2019年民营企业500强的相关数据显示，81.8%的企业拥有相关的研发人员，其中65.6%的企业的研发人员占员工总数的3%以上，至少有5家企业的年度研发投入超过100亿元，这充分显示了民营企业在创新研发方面的实力和决心。

总体而言，民营企业在中国的科技创新和发展中扮演着重要角色，其积极探索和投入研发的精神为经济的可持续发展注入了新的活力。

二、积极推动协调发展

民营企业作为一个重要的企业群体，在改革开放和经济发展的进程中扮演了关键的角色，对促进产业结构平衡、推动区域和城乡协调发展以及推动城镇化进程作出了巨大贡献。

首先，民营企业的发展空间不断拓展，产业结构明显升级。在改革开放初期，由于各种隐性投资门槛的限制，民营企业主要集中在一般竞争性领域和传统劳动密集型产业。然而，随着改革的不断深入，民营企业逐步进入更具技术含量和附加值较高的产业领域，如商业商务服务、科学研究服务和高新技术产业。这使得产业结构不断优化，有助于整体经济的协调发展。

其次，民营企业在区域和城乡协调发展方面发挥了积极的作用。他们参与国家重大战略行动，如投资开发贫困地区、振兴老工业基地等，通过实施光彩事业项目，帮助大量贫困人口脱贫。自 2015 年万企帮万村精准扶贫行动启动后，民营企业积极参与，加强了对贫困地区的帮扶，带动和惠及大量建档立卡贫困人口。这些举措在推动区域协调发展方面起到了重要的推动作用。

最后，民营企业在城镇化进程中扮演了重要的推手。由于他们积极提供城镇就业岗位，使得城镇化率持续快速提高。城镇化不仅有助于提高人民生活水平和城市现代化，也促进了城乡之间的平衡发展。

总体而言，民营企业在中国经济发展中发挥着多重角色，为推动经济协调发展、促进产业结构平衡、推动区域和城乡协调发展以及推动城镇化进程作出了巨大的贡献。政府和社会应该继续支持和鼓励民营企业的发展，为其提供更好的发展环境，以进一步激发其创新和创造力，推动经济的可持续发展。

三、积极推动绿色发展

在习近平生态文明思想的指导下，民营企业积极践行绿色发展理念，通过采取多种措施，贯彻国家绿色环保战略，实施清洁生产，推动企业绿色发展。

民营企业在推动绿色发展方面展现了强大的力量。许多企业加快了生产设备升级，提高环保节能效率，调整能源使用结构，提高清洁能源占比，淘汰高污染落后产能等，以降低对环境的影响。数据显示，有大量的企业转产高端产品或通过试制新品来减轻对环境的污染。这些企业的环保投入和治污费用也逐年增长，显示出民营企业对环境保护的持续关注和投入。

此外，民营企业还积极参与生态保护治理与修复活动，如水土流失防治、生物多样性保护、国土绿化、沙漠治理等。特别是在林业领域，非公有制林业企业在国土绿化行动中扮演着重要角色，其数量占全国林业企业总数的 70% 以上，为全国林业产业作出了重要贡献。

政府也高度肯定和重视民营企业在推动绿色发展方面的作用，出台了一系列政策措施支持和服务民营企业的绿色发展。例如，生态环境部和全国工商联联合印发的《关于支持服务民营企业绿色发展的意见》，提出了一系列重点举措，为推动生态环境保护事业和非公有制经济共同发展提供了有力支持。

综上所述，民营企业在习近平生态文明思想的引领下，积极践行绿色发展理念，在推动我国经济可持续发展和生态环境保护方面发挥着积极的作用。这些努力为构建美丽中国、实现绿色可持续发展目标贡献了重要力量。

四、积极推动开放发展

改革开放是中国式现代化建设的重要战略，在这一进程中，民营企业发挥着积极的作用，逐渐成为我国"走出去"的生力军。

在实施"走出去"战略的过程中，民营企业展现出强大的国际竞争力。他们积极寻求海外市场，加强对外投资，并取得了显著的成果。这些企业的对外投资呈现出集群式、多元化、规模型的发展特点，显示出他们深厚的实力和国际化视野。特别是在"一带一路"倡议的推动下，民营企业抓住机遇，在多个领域如基础设施、能源资源、工业园区和经贸产业合作等积极开展合作，涌现出一批具备国际化能力和视野的企业。数据显示，民营企业的进出口额逐年增长，占全国进出口总额的比重不断提升。在与"一带一路"共建国家的贸易合作中，民营企业的进出口额更是占据了显著的比例。这表明民营企业在国际市场上正逐渐成为重要的参与者，为我国经济的可持续发展作出了重要贡献。他们的积极参与不仅推动了我国与共建国家的经贸合作，也为全球经济的繁荣稳定注入了新的活力。

随着改革开放的深入推进和我国的国际地位不断提升，民营企业在对外开放中的地位和作用将继续增强。政府和社会应该继续鼓励和支持民营企业参与国际合作，提供更好的发展环境和政策支持，以激发其创新潜力和发展活力，共同推动中国经济的融入全球市场，实现更高水平的开放发展。

五、积极推动共享发展

随着我国民营经济的发展壮大，越来越多的民营企业家开始关注社会责任，积极参与公益慈善，重视产业扶贫，为共享发展作出了重要贡献。

民营企业在解决就业问题上发挥着重要的作用。早在改革开放初期，民营经济的兴起就是为了解决就业问题而发展起来的。随着国有企业的改革和市场经济的深化，民营企业成为重要的就业岗位提供者。他们不仅创造大量就业机会，吸纳了农村转移劳动力，还帮助解决了国有企业下岗职工再就业的问题。如今，民营企业在城镇提供了大部分就业岗位，为经济社会稳定发展和人口红利的转变作出了积极贡献。

在公益慈善方面，民营企业家也积极参与其中，成为国内大额捐款的主要力量。他们关注社会责任，通过慈善捐赠等方式回馈社会，为改善社会福利、推动共同富裕贡献了自己的力量。这些举措不仅有助于改善贫困地区和弱势群体的生活条件，还促进了社会公平和稳定发展。

在共享发展的进程中，民营企业家的积极参与和社会责任意识的增强非常重要。政府和社会应该继续鼓励和支持民营企业在公益慈善、产业扶贫和就业创造等方面发挥更大作用，共同推动我国经济社会的共享繁荣。只有全社会的共同努力，才能实现更加公平、包容、可持续的发展。

第二节　新发展理念下我国民营经济高质量发展启示

一、坚持党的领导

坚持党的领导是民营经济高质量发展的根本保障。在中国特色社会主义的建设过程中，党中央始终重视民族工商业的积极作用，团结、保护和鼓励私营经济。改革开放以来，党中央积极推动经济体制改革，坚持和完善社会主义基本经济制度，推动建立和完善社会主义市场经济体制，为民营经济高质量发展创造了良好的制度环境。党的坚强领导确保了民营经济在市场经济条件下持续健康发展。

党高度重视民营企业党建工作，加强党的建设，扩大党的执政基础，为民营经济高质量发展提供了有力保障。

党的领导在推动民营经济健康发展方面起到了至关重要的作用。随着时代的发展，我们应继续在社会主义基本经济制度指导下，完善相关政策措施，为民营经济的高质量发展提供更大的支持。党的坚强领导和正确政策引导将继续为民营经济的繁荣发展提供有力的保障，为实现中华民族伟大复兴的中国梦作出更大的贡献。共产党的坚强领导是中国特色社会主义伟大事业的重要保障，也是我国民营经济健康发展的不可或缺的根本力量。

二、坚持创新驱动

在当今竞争激烈的市场环境下，传统的经济模式已经难以满足日益增长的需求，创新成为推动经济发展的关键。而民营经济作为我国经济的重要组成部分，必须紧跟时代发展的步伐，不断进行创新。

创新驱动的首要任务是提高科技创新能力。民营企业应积极加强科技研发，不断引进先进技术和人才，加强与高校、科研机构的合作，推动科技成果转化。只有通过不断的技术创新，才能提升产品质量和竞争力，实现经济的高质量发展。

其次，创新驱动还包括商业模式的创新。民营经济在市场经济中具有灵活性和快速反应能力，可以更好地适应市场需求的变化。通过创新商业模式，民营企业可以开拓新的市场领域，提供更多元化的产品和服务，满足消费者的个性化需求。

最后，创新驱动还需要加强人才培养和创新创业环境的建设。民营企业应注重培养创新人才，提供良好的创新创业平台和环境，鼓励员工敢于创新、勇于尝试。同时，政府也应加大对民营经济的支持力度，提供更多的政策和资金支持，为民营企业创新发展提供良好的外部环境。

总之，坚持创新驱动是民营经济高质量发展的引擎。只有不断推动科技创新、商业模式创新，加强人才培养和创新创业环境建设，民营经济才能在激烈的市场竞争中脱颖而出，实现高质量的发展。

三、加快数字化转型

在信息技术飞速发展的时代，数字化转型已经成为企业发展的必然趋势。而民营经济作为我国经济的重要组成部分，必须积极适应和引领这一趋势，加快数字化转型。

首先，数字化转型可以提升企业的生产效率和运营效益。通过引入先进的数字化技术和智能化设备，民营企业可以实现生产过程的自动化和智能化，提高生产效率，降低成本。同时，数字化转型还可以优化企业的运营管理，提升供应链和物流的效率，提供更好的服务和体验，增强企业的竞争力。

其次，数字化转型可以拓展企业的市场空间和渠道。随着互联网的普及和电子商务的兴起，数字化转型可以帮助民营企业打破地域限制，拓展全球市场。通过建立线上销售渠道和数字化营销平台，企业可以直接面向消费者，实现精准营销和个性化定制，提高市场占有率和销售额。

再次，数字化转型还可以提升企业的创新能力和产品质量。通过数字化技术的应用，民营企业可以在市场中获取数据，通过数据对潜在市场进行调研和用户需求，实时了解市场动态，以此调整自己的产品和服务，使企业更具竞争力。同时，数字化转型还促进了企业与供应商、合作伙伴之间的信息共享和协同创新，这不仅有助于加速产品研发和创新的步伐，还能够推动整个产业链的升级和转型，实现更高效的资源配置和价值创造。

最后，数字化转型还可以提升企业的风险应对和管理能力。通过建立数字化的风险预警系统和数据分析平台，民营企业可以及时发现和应对市场风险和经营风险，提高企业的抗风险能力和灵活性。

综上所述，加快数字化转型是民营经济高质量发展的关键之举。只有积极适应和引领数字化转型的趋势，民营企业才能提升生产效率和运营效益，拓展市场空间和渠道，提升创新能力和产品质量，增强风险应对和管理能力。这将为民营经济的持续发展提供强大的动力。

四、营造优良营商环境

创造良好的商业氛围对于推动民营经济的繁荣至关重要。一个良好的商业氛围有助于吸引更多的投资和人才，激发民营企业的内在活力和创新精神，推动经济实现高质量发展。

良好的营商环境体现在多个方面。

首先，要保障确保市场竞争的公平。政府应当制订公平竞争的法律法规，打破垄断，消除不合理的市场壁垒，为民营企业提供公平竞争的平台。

其次，要保护民营企业的合法权益。政府要严格依法保护民营企业的财产权和合同权，确保企业家的创业成果得到妥善维护。

再次，政商关系和社会氛围要良好。政府和企业之间应当建立互信和合作的关系，摒弃强制性的干预，为企业家提供更多发展空间。

最后，政府工作人员的政策水平和专业服务水平也是影响营商环境的重要因素。政府工作人员应当提高自身素质，积极为企业家提供优质高效的服务。

各级政府应当在改革创新的精神下，按照法治化、市场化、国际化的标准，不断改善营商环境，消除不利因素，让民营企业家安心、放心地发展。只有这样，民营经济才能充分发展，为国家的繁荣富强和人民的幸福安康作出更大的贡献。同时，中国民营经济也将在新的征程中发挥更加积极的作用。

五、弘扬优秀企业家精神

优秀企业家精神是民营经济高质量发展的内生动力，他们的奋斗和拼搏精神为中国经济的持续繁荣作出了突出贡献。

优秀企业家精神体现在他们对党和国家的坚定支持和信心，积极研究企业未来发展战略，为民营经济保持前瞻性思维。他们还积极承担对国家、对民族、对社会的责任，践行社会主义核心价值观，参与社会公益和扶贫事业，为社会发展贡献力量。同时，他们坚持诚信为本，走合法合规之路，追求企业品质的极致，实现企业的永续经营。

这些优秀企业家精神，不仅是他们个人的品质，更是中国民营经济高质量发展的宝贵财富。政府应该继续为民营企业创造良好的发展环境，提供更多的支持和便利，激励企业家们不断创新创业，为社会经济发展贡献更大的力量。同时，民营企业家们也应发挥优秀企业家精神，积极履行社会责任，推动中国经济不断迈向更加辉煌的明天。

通过弘扬优秀企业家精神，我们可以激发更多人投身创业创新的事业，为中国经济发展注入更加强大的内生动力。在新时代，优秀企业家精神将继续引领中国民营经济高质量发展，为实现中华民族伟大复兴的中国梦作出更大的贡献。

参考文献

［1］大成企业研究院. 民营经济改变中国：改革开放 40 年民营经济主要数据简明分析［M］北京：社会科学出版社，2018：1－3.

［2］林昌华. 新时代中国民营经济高质量发展机制研究［M］. 福州：福建人民出版社，2023.

［3］向萍，李恒春. 民营经济的发展与创新转型研究［M］. 太原：山西经济出版社，2022.

［4］黄孟复. 在中国首次民营经济形势分析会上的演讲［C］//中国民营经济发展报告（2003），2004.

［5］陈东，刘志彪. 新中国 70 年民营经济发展：演变历程，启示及展望［J］. 统计学报，2020，1（2）：83－94.

［6］王焕培. 着力推动民营经济高质量发展［J］. 湖南省社会主义学院学报，2023，24（1）：22－25.

［7］江怡. 民营经济发展体制与机制研究［M］. 杭州：浙江大学出版社，2016：5.

［8］陈东，刘志彪. 新中国 70 年民营经济发展：演变历程，启示及展望［J］. 统计学报，2020，1（2）：86－87.

［9］肖文，谢文武. 当前民营经济发展的新特征与新挑战［J］. 人民论坛，2023（7）：24－29.

［10］中共全国工商联党组. 坚定不移促进民营经济发展壮大［J］. 求是，2023（4）.

［11］车娇. 中国民营企业创新研究［M］. 湘潭：湘潭大学出版社，2009.

［12］中共中央 国务院关于促进民营经济发展壮大的意见［EB/OL］.

（2023 - 07 - 14）［2023 - 07 - 19］．https：//www. gov. cn/zhengce/202307/content_68 93055. htm.

［13］郝惠星．关于民营企业合规管理的思考 ——以华为公司为例［J］．全国流通经济，2022（7）：43 - 45.

［14］鲁保林，孙益全．浅析民营经济的社会责任［J］．科技情报开发与经济，2007，17（20）：2.

［15］石奇．高质量发展：问题、辨识与路径［M］南京：江苏人民出版社，2022：32 - 35.

［16］王志乐．强化合规经营意识 促进企业持续发展［J］．新产经，2018（9）：3.

［17］李国栋．"比较区域研究"的方法论建构及其挑战［J］．比较政治学研究，2021（2）：23.

［18］帕特里克·克尔纳，鲁德拉·希尔，阿里尔·赫拉姆，等．比较区域研究的理论与方法［J］．中国社会科学文摘，2021（7）：2.

［19］张琳琅，郭文樊，栾佳蓉．福建民营经济高质量发展实证研究［J］．中国国情国力，2023（2）：51 - 58.

［20］程晶晶，夏永祥．基于新发展理念的我国省域经济高质量发展水平测度与比较［J］．工业技术经济，2021，40（6）：153 - 160.

［21］孙豪，桂河清，杨冬．中国省域经济高质量发展的测度与评价［J］．浙江社会科学，2020（8）：4 - 14，155.

［22］李新根，魏淑艳，刘冬梅．国内数字化治理研究的热点主题与演进趋势——基于 CiteSpace 的知识图谱分析［J］．东南学术，2022（2）：61 - 71，247.

［23］刘现伟，文丰安．新时代民营经济高质量发展的难点与策略［J］．改革，2018（9）：5 - 14.

［24］谢地，李梓旗．发展民营经济的若干认识问题［J］．红旗文稿，2018（22）：19 - 21.

［25］李玉刚，吴朋，叶凯月，等．制度情境差异对企业成长的影响研究热点与趋势［J］．科技进步与对策，2020，37（19）：151 - 160.

［26］郭敬生．论民营经济高质量发展：价值、遵循、机遇和路径［J］．经济问题，2019（3）：8 - 16.

［27］任晓猛，钱滔，潘士远，等．新时代推进民营经济高质量发展：问题、思路与举措［J］．管理世界，2022，38（8）：40－54．

［28］张于喆．推进民营经济高质量发展——基于浙江、贵州等七省八市的调研［J］．宏观经济管理，2020（1）：36－40，47．

［29］李鲁．民营经济推动长三角区域一体化：发展历程与互动机制［J］．治理研究，2019，35（5）：59－67．

［30］董志勇，蒋少翔，梁银鹤．非公经济高质量发展的制度障碍及其优化路径［J］．新视野，2020（6）：28－34．

［31］赵丽．"十四五"时期我国民营经济高质量发展面临的问题与应对策略［J］．中州学刊，2022（2）：13－19．

［32］冯留建．中国共产党民营经济改革的百年历程与历史启示［J］．四川师范大学学报（社会科学版），2021，48（3）：5－13．

［33］王曙光．民营经济可持续高质量发展靠什么［J］．人民论坛，2019（36）：90－92．

［34］林雪芬，陈仪．新时代民营经济高质量发展的结构性冲击与风险防范［J］．新视野，2020（4）：32－38．

［35］王文举，陈真玲．民营经济健康发展的制度创新与环境重构［J］．学习与探索，2020（8）：116－121．

［36］郑金辉，徐维祥，刘程军．数字金融、企业家精神与长三角民营实体经济高质量发展［J］．财经论丛，2023（5）：47－56．

［37］张志元，马永凡．金融改革如何助推民营企业高质量发展［J］．当代财经，2022（12）：64－74．

［38］庞加兰，张海鑫，王倩倩．数字普惠金融、融资约束与民营经济高质量发展［J］．统计与决策，2023，39（5）：130－135．

［39］王文涛，曹丹丹．互联网资本与民营经济高质量发展：基于企业创新驱动路径视角［J］．统计研究，2020，37（3）：72－84．

［40］史亚洲．民营经济高质量发展的营商环境问题研究［J］．人文杂志，2019（9）：121－128．

［41］王艳．新冠肺炎疫情对民营经济高质量发展的影响及对策研究［J］．管理评论，2020，32（10）：11－21．

［42］李雄飞．经济政策不确定性对民营企业高质量发展的影响［J］．

经济问题，2023（3）：94－101.

[43] 高志刚，李明蕊，韩延玲. 企业家精神对经济高质量发展的影响研究——兼论数字普惠金融的调节作用 [J]. 管理学刊，2023，36（2）：25－43.

[44] 周文，司婧雯. 民营经济发展与共同富裕 [J]. 财经问题研究，2022（10）：3－12.

[45] 杨小勇，闫慧慧. 促进新时代共同富裕实现与民营经济发展的良性互动研究 [J]. 中国经济问题，2023（2）：23－37.

[46] 李鲁. 民营经济推动长三角区域一体化：发展历程与互动机制 [J]. 治理研究，2019，35（5）：59－67.

[47] 李春梅. 文旅产业中民营经济促进人的全面发展的理论分析——基于山西高质量转型发展的背景 [J]. 经济问题，2021（12）：16－21，88.

[48] 黎文勇. 中国区域经济高质量发展水平测度——以长三角地区为例 [J]. 统计与决策，2022，38（13）：21－25.

[49] 冯晓华，邱思远. 长三角城市经济高质量发展水平测度及收敛性研究 [J]. 华东经济管理，2022，36（11）：28－43.

[50] 魏艳华，马立平，王丙参. 中国八大综合经济区经济高质量发展测度研究——基于高维标度评价法 [J/OL]. 数理统计与管理，https：//doi. org/10. 13860/j. cnki. sltj，20230616－001.

[51] 师博，任保平. 中国省际经济高质量发展的测度与分析 [J]. 经济问题，2018（4）：1－6.

[52] 王亚男，唐晓彬. 基于八大区域视角的中国经济高质量发展水平测度研究 [J]. 数理统计与管理，2022，41（2）：191－206.

[53] 王蔷，丁延武，郭晓鸣. 我国县域经济高质量发展的指标体系构建 [J]. 软科学，2021，35（1）：115－119，133.

[54] 任保显. 中国省域经济高质量发展水平测度及实现路径——基于使用价值的微观视角 [J]. 中国软科学，2020（10）：175－183.

[55] 孙晓，刘力钢，陈金. 中国旅游经济高质量发展的测度 [J]. 统计与决策，2021，37（17）：126－130.

[56] 王银银. 海洋经济高质量发展指标体系构建及综合评价 [J]. 统计与决策，2021，37（21）：169－173.

［57］张建伟，蒲柯竹，图登克珠．中国农业经济高质量发展指标体系构建与测度［J］．统计与决策，2021，37（22）：89-92．

［58］师博，韩雪莹．中国实体经济高质量发展测度与行业比较：2004—2017［J］．西北大学学报（哲学社会科学版），2020，50（1）：57-64．

［59］邓创，曹子雯．中国经济高质量发展水平的测度与区域异质性分析［J］．西安交通大学学报（社会科学版），2022，42（2）：31-39．

［60］胡晨沛，吕政．中国经济高质量发展水平的测度研究与国际比较——基于全球35个国家的实证分析［J］．上海对外经贸大学学报，2020，27（5）：91-100．

［61］史丹，李鹏．我国经济高质量发展测度与国际比较［J］．东南学术，2019（5）：169-180．

［62］刘纪元，李露，刘纯．"大湘南"地区民营经济高质量发展研究［J］．投资与创业，2022，33（23）：28-31．

［63］李国荣．民营经济概念辨析［J］．企业经济，2007（1）：5-9．

［64］江晓珍．科技创新引领福建民营企业高质量发展路径研究［J］．中阿科技论坛（中英文），2022（2）：36-39．

［65］师博，任保平．中国省际经济高质量发展的测度与分析［J］．经济问题，2018（4）：1-6．

［66］郑黎明．民营经济健康发展评价指标体系探索和创建［J］．统计科学与实践，2019（7）：14，20-22．

［67］张娟娟，刘海荣．民营经济评价指标体系的构建研究［J］．环渤海经济瞭望，2019（3）：45-47．

［68］林晓艳，闫鹏宇，林贤锦．福建民营企业绿色低碳转型的实践与路径创新［J］．福建工程学院学报，2022，20（5）：450-455．